弘一大師的16堂課

新修版

羅金 著

弘一大師的16堂課

〔目錄〕

弘一大師的16堂課

（目錄）

弘一大師的16堂課

〔目錄〕

前言

他皈依自心，超然塵外，爲佛學而獻身，是一名純粹的佛學大家。

他是第一個向中國傳播西方音樂的先驅者，所創作的「送別歌」，歷經幾十年傳唱經久不衰，成爲經典名曲。

同時，他也是中國第一個開創裸體寫生的教師。他有著卓越的藝術造詣，先後培養出了名畫家豐子愷、音樂家劉質平等文化名人。

他苦心向佛，過午不食，精研律學，弘揚佛法，普渡眾生出苦海，被佛門弟子奉爲律宗第十一代祖師。

他的一生充滿傳奇色彩。

他，就是李叔同，又稱弘一法師。

長亭外的作詞者

說起弘一法師，大家可能有點陌生，不過要是有人唱起「長亭外，古道邊，芳草碧連天」的歌，恐怕就沒人不熟悉了。

李叔同祖籍浙江平湖，一八八〇年（清光緒六年）十月廿三日生於天津河東地藏庵（今河北區糧店街陸家胡同）一富貴之家。一九四二年十月十三日圓寂於福建泉州。

李叔同是我國新文化運動的前驅，作爲中國新文化運動的早期啓蒙者，他一生在音樂、戲劇、美術、詩詞、篆刻、金石、書法、教育、哲學、法學等諸多文化領域中都有較高的建樹，並先後培養出一大批優秀的藝術人才。

一九〇五年（光緒三十一年），爲求救國之道，李叔同東渡日本留學。到日本後，考入東京美術學校，主修油畫，兼攻鋼琴。在日期間，李叔同在留日學生出版的《醒獅》雜誌上發表文章。課餘熱心於話劇藝術活動，聯合留日同學組織「春柳劇社」。

一九一一年（宣統三年），李叔同學成歸國，先執教於天津高等工業學堂，任圖案教員。翌年轉到上海城東女學，講授國文和音樂，並加入「南社」詩社，與南社同人組織文美會，主編《文美雜誌》，兼任《太平洋報》文藝副刊編輯。不久，到杭州執教於浙江省立兩級師範學校（即第一師範學校），並到南京高等師範學堂兼課。一九一四年在中國的美術教育中首次使用人體。他從事藝術教育工作七年之久，培育出許多藝術人才。

李叔同於一九一八年（民國七年）八月十九日遁入杭州虎跑寺削髮爲僧，皈依佛門，法名演音，號弘一，後又採用一音、一相、圈音、入玄等幾十個法號。

不可多得的藝術全才

弘一法師積極弘法，他先後在廈門、漳州、安海、泉州、惠安、永春等地城鄉開展講經活動，就律宗、華嚴宗、淨土宗學說及藥師經、彌陀經、地藏本願經、心經等經義作了詳細的闡明。他還關心佛教教育，在泉州開元寺尊勝院倡辦南山佛學苑。他的佛學思想體系，以華嚴爲境，四分律爲行，導歸淨土爲果。十年虔修未有間斷，佛教界尊他爲近代重興南山律宗的第十一代祖師。

弘一法師是中國近現代文化史上一位不可多得的藝術全才，在書畫、詩文、戲劇、音樂、藝術、金石、教育各個領域都有極深的造詣。太虛大師曾爲贈偈：「以教印心，以律嚴身，內外清淨，菩提之因。」

名家趙朴初先生評價弘一法師的一生：「無盡奇珍供世眼，一輪圓月耀天心。」

弘一法師在講佛學時，並非枯燥地照搬佛家的經典，而是結合實際，並適時運用幽默詼諧的語言，讓佛家的思想變得生動形象、簡單易懂。他講佛學，不僅是教我們如何學佛，也教我們如何做人。願更多的人，從書中進一步認識弘一法師，在景仰中或有心如澡雪之感，於惕厲自省之餘獲得一份清明。

【第一課】

你的當下，你的時間，你的生命

在這個世界上，
你真正擁有，而且極度需要的只有時間。
時間在生命中是如此的重要，
然而許多人卻日復一日地花費大量的時間
去做無聊的事。

1 我生待明日，萬事成蹉跎

我生待明日，萬事成蹉跎。

——清．錢鶴灘

「好無聊啊」「真沒意思，不知道幹什麼」。你是不是經常發出這類訊息？在說這些話的時候，你有沒有爲自己列一個表，有沒有做過一道計算題。現在，就讓數字來告訴你吧：

假如一個人能活一百年，睡眠三十年，吃飯十年，穿衣梳洗打扮七年，走路旅遊堵車七年，打電話一年半，打電話沒人接一年零十個月，看電視四年，上網十二年，找東西一年零八個月，購物一年半，成家後又生育孩子去掉五年，閒談七十天，擤鼻涕剪指甲八天，發呆廿五天，最後剩餘時間爲十年。十年我們如何過？

二十出頭時，李叔同（弘一法師）已經用過很多名字了。廿一歲那年，他有了第一個孩子，取名瘦桐，為此，李叔同填了一曲〈老少年〉：「梧桐樹，西風黃葉飄，夕日疏林杪；花事匆匆，零落憑誰吊。朱顏鏡裏凋，白髮愁邊繞……」有朋友評說，他是一個活靈活現的老夫子，一個廿一歲的老夫子！

「長江後浪推前浪，我的孩子都出世了，我還有什麼可為的？老了！老了！」弘一法師被一種痛苦煎熬著，他感歎道，「我二十出頭時，已經老了！現在，光陰正與人類賽跑！」

你還會認爲時間足夠充裕而不知道做什麼用嗎？還會在那裏感歎生活無聊嗎？岳飛在〈滿江紅〉裏曾說過：「莫等閒，白了少年頭，空悲切。」如果你總覺得日子很無聊，只能靠去飯店、網吧、遊戲廳、KTV等場所來打發，就真的應該好好想一想，我們究竟爲了什麼活著？

達爾文曾在給母親蘇珊．達爾文的信中寫道：「一個竟然白白浪費一小時的人，就不懂得生命的價值。」

一天，生病的達爾文坐在籐椅上曬太陽，他的面容憔悴，精神不振。一個年輕人路過達爾文的面前，當他知道面前這個衰弱的老人就是著名的《物種起源》的作者達爾文時，不禁驚異地問道：「達爾文先生，您身體這樣衰弱，常常生病，怎麼還能做出那麼多事情呢？」

達爾文回答說：「我從來不認為半小時是微不足道的一段時間。」

在這個世界上，你真正擁有，而且極度需要的只有時間。時間在生命中是如此的重要，然而許多人卻日復一日地花費大量的時間去做無聊的事。喪失的財富可以通過厲兵秣馬、東山再起而賺回，忘掉的知識可以通過臥薪嚐膽、勤奮努力而復歸，失去的健康可以通過合理的飲食和醫療保健來改善，而唯有我們的時間，流失了就永遠不會再回來，亦無法追尋。

法國著名科普作家凡爾納每天早上五點鐘起床，然後一直伏案寫到晚上八點。在這十五個小時中，他通常只在吃飯時休息片刻。但是他並不會與家人坐在一起吃飯，通常都是妻子將飯菜送到他寫作的地方，他搓搓酸脹的手，拿起刀叉，以最快的速度填飽肚子，抹抹嘴，接著就又拿起筆。

妻子看他如此辛苦，就非常心疼地問：「你寫的書已不少了，為什麼還抓得那麼緊？」凡爾納笑著說：「你記得莎士比亞的名言嗎？放棄時間的人，時間也放棄他。哪能不抓緊呢！」

在四十多年的寫作生涯中，凡爾納記了上萬冊筆記，寫了一百零四部科幻小說，共有七八百萬字，這是一個相當驚人的數字！一些感到驚異的人就悄悄地詢問凡爾納的妻子，想打聽凡爾納能取得如此驚人成就的秘訣。凡爾納的妻子坦然地說：「秘密嘛，就是凡爾納從不放棄時間。」

富蘭克林，美國著名的科學家，《獨立宣言》的起草人之一。曾經有人問他：「您怎麼能夠做那麼多的事情呢？」

富蘭克林笑笑說：「你看一看我的時間表就知道了。」

讓我們一起來看看他的時間表吧：

五點起床，規劃一天的事務，並自問：「我這一天要做好什麼事？」

八點至十一點，十四點至十七點，工作。

十二點至十三點，閱讀、吃午飯。

十八點至廿一點，吃晚飯、談話、娛樂、回顧一天的工作，並自問：「我今天做好了什麼事？」

朋友勸富蘭克林說：「天天如此，是不是過於……」

「你熱愛生命嗎？」富蘭克林擺擺手，打斷了朋友的談話，說，「那麼，別浪費時間，因為時間是組成生命的材料。」

生命有限，然而大部分的人卻活得單調乏味，過著俗不可耐的日子。著名的導演兼演員藍敦在去世前幾周接受訪問時，曾語重心長地說了這麼一段話：「活著的時候，最好能記住：死亡即將來到，而我們並不知道它降臨的確切時間。這能讓我們隨時保持警覺，提醒我們趁著機會還在，要珍惜每一分，每一秒。」

2 怎樣分配時間

虛生浪死，至為悲痛，生死事大，無常迅速，大好光陰，切莫空過。

——弘一法師

分清事物的輕重緩急，是讓人受益終身的好習慣，也是成就事業的必備素質。弘一法師說：「有時候爲了省幾分鐘，卻浪費數小時；到了隧道盡頭就把燈關掉，可能因小失大；抄捷徑可能會走到你原本不打算去的地方。耐心比匆匆忙忙更能成功。雞是從蛋孵出來的，並不是打破蛋殼就能得到。」

豪威爾曾經是美國鋼鐵公司的董事，在他剛開始當董事的時候，公司開董事會總要花費很長的時間。在會議裏，董事們討論的問題非常多，但最終能達成的決議卻很少。結果，董事會的每一位成員都得帶著一大包的報表回家去看。

後來，豪威爾說服了董事會，決定每次開會只討論一個問題，然後作出結論，不耽擱，不拖延。這樣，所得到的決議也許需要更多的資料加以研究，這些資料可能有用，可能一點用處都沒有，但無論如何，在討論下一個問題之前，這個問題一定能夠達成某種共識。事實證明，結果非常驚人，也非常有效。

從那以後，董事們再也不必帶著一大堆報表回家了，也不會再為沒有解決的問題而憂慮了。

同時，有條不紊的做事習慣還能讓人有成就感，避免工作的延遲和拖拉帶來的緊張感和挫敗感。

法國哲學家布萊斯·巴斯卡說：「把什麼放在第一位，這是人們最難懂得的。」許多人都不幸被這句話言中。他們完全不知道怎樣對人生的任務和責任，他們以爲工作本身就是成績。但經驗表明，成功與失敗的分界線在於怎樣分配時間。

人們往往認爲，這裏幾分鐘，那裏幾分鐘微不足道，其實它們的作用非常大。這種差別有時是微妙的，常常需要過幾十年才看得出來。但有時又很明顯，爲了取得最佳結果，我們常常需要依據輕重緩急行事。

亞歷山大·格雷厄姆·貝爾就是個例子。貝爾在研製電話機時，另一個叫格雷的人也在試圖改進電話裝置。兩個人同時取得突破。但貝爾在專利局贏了——比格雷早了兩個鐘頭。當然，這兩個人當時是不知道對方的，但貝爾就因為這一百二十分鐘而一舉成名。

我們一般人很容易產生把手頭上的事先解決掉的心理。其實，即使是迫在眉睫的工作也並非一定最重要。

我們若能重新審視全部的工作，不但能清楚地找出工作的主要目標，對以往許多耗時的工作安排，也能有一個不同的評判。

有的時候，我們可能會覺得手頭的工作雜亂無章，沒有任何的頭緒。那麼，這個時候就需要我們分清事情的輕重緩急，熟練洞悉事物本質。人與人之間的賢愚差異並非在於頭腦，而在於是否具有洞悉事情輕重緩急及重要性的能力。

你也許聽過「二十／八十法則」。這法則是說，你所完成的工作裏百分之八十的成果，來自於你所付出的百分之二十。如此說來，這一法則對所有實際的目標都極爲有用，它能幫助我們抓住工作與生活的重點，找到真正重要的事物，同時讓我們忽略那些不重要的事物。

在處理問題時，我們不應被那些不重要的、沒有什麼意義的事情所淹沒，而應該集中精力於大事上，多想些重要的事情。就目標的實現而言，將更多的精力投入「應該做的事」，無疑是一條事半功倍的成功之路。歌德說過這樣一句話：「不可讓重要的事被細枝末節所左右。」

做最重要、最有價值的事的第一步，就是找出能產生百分之八十績效的百分之二十付出。這需要你有洞悉事物本質的能力，判斷哪些是最有價值的。卓有成效的管理者從不把時間和精力花在小事上，因爲小事會使他們偏離主要目標。一旦知道了自己大部分時間花在了那些無謂的小問題，或絲毫無助於提高工作效率的問題上時，他便會採取措施刪去這些安排。

著名時間管理大師賽托斯說：「重點是你的重心需要偏移的地方，重點是你需要著重強調的地方，你的工作日程不應該是一成不變的基調，它應該如同一首跌宕起伏的旋律，有高潮的緊迫感，也有平淡中的閒適感。」

3 參透生死，把握當下

一切眾生，從無始來，生死相續，皆由不知常住真心，性淨明體，用諸妄想，此想不真，故有輪轉。

——弘一法師

孔子謂「殺身成仁」，孟子曰「捨生取義」，司馬遷認爲「人固有一死，死有重於泰山，或輕於鴻毛」。對死亡的態度恰好是對生的態度的反證。懼怕死亡的人往往在生活中患得患失，憂慮重重，而不怕死亡的人往往能樂觀進取，力爭在有限的生命中創造出無限的事業。

修行中的弘一法師也經受著生、老、病、死之苦，尤其是病苦。世人總是以爲信仰、修行等大願會解脫身體的諸種煩惱，其實是誤解了人生或人性的本質。人身體的病痛是人生的常態，是自然的一部分。

弘一法師是苦行的，出家後的他遠不及前半生悠遊，他將自己全部的時間都用來念佛、誦經、說法、寫佛。抗戰時期，他最重要的口號是「念佛不忘救國，救國必須念佛！」但病痛卻時常侵襲著法師，他的肺病始終沒有治癒。

在惠安鄉間弘法時，弘一患了「風濕性潰瘍」，手足腫爛，高燒不退。當廣洽法師到草庵去探視他時，他不顧病痛，仍舊整天地焚香、寫字，換佛前淨水，洗自己的內衣……廣洽法師問：「您的病，好些嗎？」

弘一的回答是：「你問我這些，是沒有用的。你該問我念佛沒有？病中有沒有忘了念佛？這是念佛人最重要的一著，其他都是空談。在病中忘了佛號，在何時何地不會忘卻佛號吧？生死之事，蟬翼之隔，南山法師告人病中勿忘念佛，這並非怕死。死，芥末事耳。可是，了生死，卻是大事……」

有生必有死，死亡永遠伴隨著生，相依爲命，寸步不離。人的生命同世間生物一樣，一旦死亡就不可能再次復生。如果因此而輕視或浪費生命，那也是不可原諒的錯誤。前生已逝，未來未到，這都不是我們可以掌握的，唯有每一個現在，可以把握得住。因此，我們不必因爲終將死亡而變得消極虛無，也不必因爲今生的不美滿而寄望來世。把握「當下」的生活態度，其實就已決定我們的幸福與悲哀了。

著名佛學家、愛國宗教領袖趙朴初，對生死看得很透，在病床上還寫下了這樣的詩句：「生固欣然，死亦無憾。」字裏行間充滿著辯證唯物主義的生死觀，展現了他純情超然的心靈境界。

南京大學一百一十一歲的博士生導師鄭集，他專門寫有《生死辯》：「有生即有死，生死自然律。」這就是一個百歲老人對死亡的坦然。著名作家孫犁晚年自作無題詩：「不自修飾不自哀，不信人間有蓬萊。冷暖陰晴隨日過，此生只待化塵埃。」表現了他對死亡的超然大度。

弘一法師在自己將死前，強忍病痛，寫了一段臨終的話給傳貫法師：「我命終前，請你在布帳外，助念佛號，但也不必常常念。命終後，不要翻動身體，把門鎖上八小時。八小時後，萬不可擦身、洗面。當時以隨身所穿的衣服，外裹夾被，卷好，送到寺後山谷。三天後，有野獸來吃便好，否則，就地焚化。化後，再通知師友，千萬不可提早通知。我命終前後，諸事很簡單，必須依言執行……」

有句古話叫視死如歸。一個人如果能看淡生死，敢於視死如歸，確實不是一件容易的事。歷史上有兩種人達到了這種境界，一種是在修行中歷盡劫難滄桑，滲透生死，對人生已經大徹大悟之人；另一種是胸懷高遠大志，心有精神大義而能置生死於度外之人。

在每一刻的現在，學習努力，並在每一刻的當下練習「為而不有」。那麼，每一刻都將是圓滿的結束，也將是嶄新的開始。

4 不要悲歎生不逢時

莫要口說無常，而使光陰空過了。

——弘一法師

如果你身在一月，可千萬不要因爲自己的幻想飛翔在二月中，從而喪失了在一月中可能得到的機遇。不要因爲你對下一月、下一年有所計畫和美麗憧憬，而虛度了眼前這一月。

弘一法師說：「有些人只能看出『明日』的價值，而看不見『今日』的價值。當日應該行善事的機會，他們無暇顧及。他們不肯行些不起眼的慈善事業，因爲他們正在夢想著，一朝騰達之後，要大大出手捐出一宗大款項呢！」

有些人往往有「生不逢時」的感歎，認爲過去的時代都是少有的黃金時代，唯獨現在的時代是不好的。這真是極大的謬誤！凡是構成「現在」世界的事物，都是真實地生活於「現在」的世界中，都必須去接觸、參加到現在的生活潮流中，必須要身處於「現在」的文化巨浪中。

我們不應生活在「昨日」或「明日」的世界，而應生活在「今日」的世界中。我們也必須知道今世之爲何世，今日之爲何日。必須去接觸、反應現實的生活與文化的潮流。我們要避免自己的許多精力，都耗費在追懷過去與幻想未來的虛幻世界中。

有一個小和尚剛剛到寺院出家，住持就給他分了一個活兒，就是每天早上負責清掃寺院裏的落葉。對於小和尚來說，清晨起床掃落葉實在是一件苦差事，尤其在秋冬之際，剛剛掃完的地方，只要一颳風，又落得滿滿一地，每天早上都需要花費許多時間才能清掃完樹葉，這讓小和尚頭痛不已。他就去問各位師兄有什麼妙計沒有，有個和尚跟他說：「這樣，你在明天去打掃落葉之前先用力搖樹，把那些落葉統統搖下來，後天就可以不用掃落葉了。」

小和尚聽了大喜，連忙謝過，晚上睡了個好覺。隔天他起了個大早，走到樹跟前使勁地搖晃那棵樹，樹葉落了滿滿一地，他打掃的時候格外開心，認為自己一次性把明天的落葉也清掃乾淨了。一整天，小和尚都有一份很好的心情。

到第二天清晨時候，小和尚信心滿滿地去看地上是否乾淨，但是結果卻令他大吃一驚，院子裏還是像往常一樣滿地落葉。這時住持走了過來，對小和尚說：「傻孩子，無論你今天怎麼用力地搖晃它，明天的落葉還是會飄下來。」

小和尚看著住持慈祥的面孔終於明白了，世上有很多事是無法提前做的，唯有認真地活在當下，才是最真實的人生態度。

一個人能夠生活在「現實」中，充分利用「現實」，不去枉費心機和精力在對過去錯誤失敗的追悔及可能的未來的幻夢中，他要比那些只會瞻前顧後的人有用得多，生活得成功與完美得多。

不要因爲目光注視著天上星光，而忽略了你周圍的美景，踐踏了你腳下的玫瑰花叢！享受你現在所有的安樂與幸福，不要夢想著明年不可期的汽車洋房的享受；享受你今年所有的衣服，不要只是去妄想著明年不可期的錦繡狐裘。

請你灌注你的全部精力於當前的「現實」中吧！假如從「今日」中，你只能獲得百分之一的幸福，那你大可不必計畫著從「明日」中獲得百分之九十的幸福。你所要做的，應該是先努力一次，試著從「今日」中取得百分之百的幸福吧！

人都有一種心理，就是想脫離現有的不滿的地位與職務，而寄希望於渺茫的未來生活，從中尋得快樂與幸福。其實這是一種錯誤的想法。試問有誰可以擔保，只要你擺脫了現有的位置，就能得到幸福？有誰可以擔保，今日不笑的人，明日一定會笑得開懷燦爛？假如我們有享樂的本能，日後也不會失去作用？

相傳，有一次佛陀帶著弟子們遊行，走過一個鄉村的時候看到村民們正在為一位亡者誦經超度，有一個弟子感到好奇，就問佛陀說：「世尊，像這樣虔誠地超度，真的會使亡者升天嗎？」

佛陀不回答，只是反問弟子們：「如果把一塊石頭丟進井裏，讓你們繞著那口井誦經希望石頭浮上來，你們說石頭真的會浮起來嗎？」

弟子們都很肯定石頭不會再浮起來。

佛陀說：「所以，你們才要珍惜每一天，享受每一天啊。好好覺悟修行，提升自己的內心修養。誦經只是一種虔誠祈禱和精神寄託的方式。真正能救時間的只有自己。」

也許有人說：「活在當下是一種很不負責任的態度。」這裏的「活在當下」不是指及時行樂、享受現在，過著那種過了今天不管明天的態度。我們要的是對自己負責，認真享受著每一天、每一個清晨的每一聲「早安」。所謂「春有百花冬有雪，夏有涼風秋有月。若無閒事掛心頭，日日皆是好時節。」過去的已經過去，未來的誰也不知曉，唯有珍惜現在才最實在。

「活在當下」雖是佛家的理念，但在這繁忙的都市中，要是那些白領、藍領、學生都能時時謹記：現在就開始，不是明天，不是下星期，而是今天。把握這一刻，他們的日子就會更加有意義。不要再虛度每一天、每一個小時了，早晨起來推開窗戶，深呼吸：「今天是新的一天，是美好的一天！」

5 身體力行，處處修行

心即是佛，佛即是心，不是心外求法。

——弘一法師

「做」即行動，這是成功人生的起點，因爲成功來自於身體力行。同樣地，也只有通過確實有效的行動，你才能抓住稍縱即逝的機會，追來幸福之神的垂青和厚愛。

挑水雲水僧是一位很有名氣的禪師，他飽參飽學，曾在好幾個叢林禪院住過，因此他所任住持的禪院吸引了太多的僧信學徒，但這些學生往往半途而廢，不能忍苦耐勞。這讓挑水禪師不得不勸他們解散，讓他們各奔前程，而他自己也雲遊而去。此後，再沒有誰發現過挑水禪師的行蹤。

三年後，挑水禪師曾經的一位弟子發現他在京都的一座橋下，與一些乞丐生活在一起，這位弟子便立即懇求挑水禪師給他指導。

挑水禪師不客氣地告訴他：「你沒有資格接受我的指導。」

「要怎樣我才能有資格呢？」弟子問道。

挑水禪師道：「如果你能像我一樣在橋下過上三五天的時間，我也許可以教你。」

於是，這名弟子也扮成乞丐模樣，與挑水禪師共度了一天乞丐的生活。第二天，乞丐群中死了一人，挑水禪師於午夜時分，同這位弟子將屍體搬至山邊埋了，之後仍然回到橋下他們的寄身之處。

挑水禪師倒身便睡，不久便鼾聲大起，但這位弟子卻始終無法入眠。天明之後，挑水禪師對弟子說道：「今天不必出去乞食了，昨天死了的那位同伴還剩一些食物在那兒。」然而這位弟子看到那骯髒的碗盤，卻是一口也吞咽不下去。

挑水禪師不客氣地說道：「我說過你無法跟我學習，這裏的天堂，你感受不到，還是回到你的人間吧！請不要把我的住處告訴別人，因為生活在天堂淨土的人，不希望有別人的打擾！」

弘一法師曾說：「出家可以修行，在家也可以修行，出家或在家，端看個人的願力與因緣。」他認爲，不管是出家坐禪還是在家裏照顧家人、爲滿足自己的希望而努力，只要能心存善念，遵守佛家的基本戒律，都可以算作是修行。佛法是慈悲和平等的，出家修行是功德，在家修行同樣也是功德。

弘一法師有一次生病，曇昕法師要幫他洗衣，他卻一口回絕。曇昕法師勸他說：「這是不要緊的，你的身子不大好，就讓我幫你洗好了。不過我洗得不大乾淨的。」

弘一法師依舊拒絕曇昕法師的幫忙，並對他說：「我們洗衣一定要洗得乾淨才行。」「用來洗衣的水可一連用四回。打一盆水先用來洗臉。洗過了臉的水，還可用來洗衣。洗了衣可用來擦地，最後那盆水還可以用來澆花。這樣，一盆水可有四個用途。我們出家人一定要樸實，不可隨意浪費。」

佛說：平常即是真道，真正的真理在最平凡之間。真正的佛的境界，也是要通過最平凡的事情才能表現出來的。如若不然，無論你有多麼美好的目標，多麼縝密的計畫，只要你不實際地行動起來，修行之門永遠不會開啓。

6 破除一切成見

一花一世界，一葉一如來，春來花自青，秋至葉飄零，無窮般若心自在，語默動靜以自然。

——弘一法師

一個老僧人，身邊有一幫虔誠的弟子。這天他讓弟子們去南山打柴。弟子們行至河邊，只見河水奔瀉，根本沒辦法渡河，他們打柴無望，空手而歸，都有些垂頭喪氣。唯獨一個小和尚，從懷中掏出一個蘋果，遞給師父，說：「師父，我們過不了河，也打不了柴，但河邊有棵蘋果樹，我就順手把樹上唯一的一個蘋果摘來了。」

後來，這位小和尚成了老僧人的衣缽傳人。

可見，處世是一種變通，快樂幸福的人生掌握在我們自己手中。

一位老師帶學生到河邊春遊，將學生分成四組，比賽「竹籃打水」。這位老師要求每組學生採取接力的方法，用竹籃從河裏打水到岸上十米外的桶裏。許多學生習慣了「竹籃打水一場空」的闡釋，認定此舉是徒勞，不知老師用意何在。

但哨聲響起時，大家還是忙碌起來。十分鐘後，比賽結束，老師作出了結論：第一組的同學舀水很用力，所以籃子洗得格外乾淨，獲「淨化獎」。正如看書，儘管初時有許多不解之處，看似白看，但看得多了，心靈就會被淨化。第二組的同學跑得特別快，並且每次都很細心地把籃子上滴落下的水儘量地抖入桶中，水竟然積了三釐米高，獲「勤奮獎」。正如奮鬥，儘管有時看似無望，但只要努力了，總會有所收穫。第三組的同學用竹籃打水時撈上了一個飲料瓶和一些漂浮的垃圾，獲「環保獎」。正如奉獻，儘管自己一無所獲，但對別人也許是莫大的幫助。第四組的同學居然撈到了小魚小蝦，獲「意外獎」。

正如人生，儘管難免失敗，但只要堅持不懈，也許會有意料之外的收穫。

人生中，勝負沒有定式，從不同角度看自然就有不同的收益。只要能夠遵守做人的原則，那麼採取任何生活方式都無所謂。我們不可能要求別人在生活方面處處和自己一樣，或是事事如己願，這是極不現實的。如果能認清這個道理，人的心胸就會豁然開朗。圓融變通爲人後，就會允許人與人之間存在差異，這樣的人才是受歡迎的人。

【第二課】

修持精粹心

有位哲人曾說：
「人一生只能做好一件事。」
所以，我們應該去抓該抓的、值得抓的東西，
什麼都想得到，
結果往往是什麼都得不到。

1 有所為，有所不為

多學廣聞無利益，汝應一意專心修。
——弘一法師

有位哲人曾說：「人一生只能做好一件事。」確實如此，我們只有一雙手，每隻手只有五個手指頭。有時候，我們兩隻手不能都伸出去，一隻手的五個手指頭也不能什麼都抓住。所以，我們應該去抓該抓的、值得抓的東西，什麼都想得到，結果往往是什麼都得不到。

從前有一位年輕人，他工作非常刻苦，卻收效甚微，為此，他非常苦惱。一天，他去拜訪著名的昆蟲學家法布爾，悶悶不樂地說道：「我一直都不知疲倦地把自己全部的精力花在事業上，收穫卻總是很少。」法布爾贊許地說道：「看來你是一位願意獻身科學的青年。」年輕人說：「是啊，我既熱愛文學，又熱愛科學，同時，我對音樂和美術也有很大的興趣。為此，我把時間全部都用上了。」

法布爾聽後，微笑著從口袋裏拿出了一塊凸透鏡，讓年輕人注意觀察。年輕人發現：當凸透鏡的光集中在紙上一個點時，這張紙很快就被點燃了。

接著，法布爾對迷茫的年輕人說：「試著把你的精力集中到一個點上，就像這塊凸透鏡一樣。」

年輕人恍然大悟，從中受到了很大的啟發。

每個人的精力都是有限的，有所不爲，而後才可以有爲。意思是說：只有把有限的精力集中到一點上，才能幹出一番大事業。

縱觀歷史，不難發現，成大事者多貴在目標與行爲的選擇上。如果事無巨細，事必躬親，必定會使自己陷入忙碌之中，成爲碌碌無爲的人。從某種意義上來說，有所爲才能有所不爲，班超投筆從戎，魯迅棄醫從文……這些都是「改換門庭」後而大放異彩的楷模。由此可知，如果能夠審時度勢、揚長避短，既是一種理性的行爲，也不失爲一種豁達之舉。

一九五七年，松下公司毅然決然地放棄了研究多年的大型電腦專案。消息一傳出，所有的人都感到震驚。因為當時松下公司已經對此投資了約十五億日元，而他們先生產出的兩台樣機經過試用後證明性能十分先進，很快就能大規模投入生產，推向市場了。那麼，松下公司為何放棄這樣一個已經接近成功的專案呢？

在松下公司放棄這項研究前，美國大通銀行的副總裁曾到松下公司做過訪問，談話中提到了電子電腦。當副總裁聽到日本目前共有七家公司生產電子電腦時，嚇了一跳。他說：「在我們銀行貸款的客戶當中，大部分電子電腦部門的經營似乎都不順利，而且他們之所以能夠生存下去完全是依靠其他部門的財力支援，幾乎所有的電腦部門都發生了赤字。就拿美國的現狀來說，除了ＩＢＭ公司以外，其他的公司都在慢慢緊縮對電腦的投入。而日本竟然有七家這樣的公司，未免太多了一點。」

副總裁離開後，松下公司仔細考慮了一下，最終決定從大型電腦上撤退。因為松下公司的大型電腦專案還需要投入近三百億日元，現在放棄，雖然會損失十五億日元，但卻能避免三百億日元的損失。正是這個決定，使松下公司更加專注於對電器和通訊事業的發展，最終成為了電器王國的領頭羊。

松下公司就是「有所不爲，而後才可以有爲」的典範。「有所不爲」可以讓企業輕裝上陣，更加理性的進行贏利模式的選擇、專案選擇以及制度選擇，是企業戰略的重要工具。只有「有所不爲」，才能更加專注於「可爲」之事，才能在無形中達到「有所不爲，才能有所爲」的境界。

2 現在很寂寞，未來很美好

修行要使妄想由多而少，由強而弱。定功由暫而久，由脆而堅。

——弘一法師

弘一法師說：「一個母親生第一個孩子要用十個月時間，生第二個孩子同樣需要十個月的時間。人生如同生孩子一樣，都需要時間，每個人的成功都是如此。任何一個人的人生都不是輕鬆的，所以要有『耐得住寂寞，抵得住誘惑』的良好心態才行。」

一個人要取得事業的成功，必然要經歷困難和痛苦的過程。是成功還是失敗，往往在於有沒有耐力，有沒有堅忍不拔的意志。有時候成功者和失敗者的主要區別，可能就在於能否耐得住寂寞。

越王勾踐，曾是吳王夫差的階下囚，淪落到為吳王夫差當馬夫的地步。可如此境遇下的他仍然忍辱負重，臥薪嚐膽，奮發圖強。最後，他東山再起，打敗了吳王夫差。

史學家司馬遷，被害入獄，慘遭酷刑，可他並沒有放棄。他在獄中，獨自忍受著寂寞與痛苦，專心寫作，終於完成了我國的第一部紀傳體通史——《史記》，從此留名青史。

著名的畫家梵谷，生前陪伴他的是那大片大片的金黃色的麥田，倒了一隻靴子的雜亂的房間，色彩濃烈得讓人窒息的向日葵。當時人們並不認同梵谷的作品，但後世卻推崇它的價值，他的作品被賣到天價。

在寂寞中，貝多芬悄然地品嘗著生活的不幸，但他沒有向命運低下那不屈的頭顱。所以，他的《命運交響曲》中充滿著穿透人心、震撼世界的力量。

沒有人一輩子都在成功，也沒有人一輩子都不會成功。很多人不能成功，並不是自己沒有成功的欲望，而是欲望太過強烈，目標太過宏大，心情也太過急切。

寂寞，可以讓我們有時間仔細審視自己的過去、現在與將來；

寂寞，可以讓我們有空間認真地環顧自己的後面、周圍與前方；

寂寞，可以讓我們有興趣輕鬆面對自己的快樂與悲傷；

寂寞，可以讓我們有精神全力地愛護自己的親人、朋友與愛人；

寂寞，更可以讓我們有毅力牢牢地把握自己的人生。

不在沉默中爆發，就在沉默中死亡。今天的沉默只為明天的迸發，現在的寂寞必然迎來將來的成功。

每個渴望成功的人都像浮在湖面的鴨子，腳掌在水下不停地撲騰，只爲了讓自己沉不下去，怎樣讓自己浮在水面的時間長一點或者永遠浮在水面，這是值得思考的。一個人不僅要耐得住寂寞，禁得住誘惑，還要頂得住壓力，這樣才能百煉成鋼。

寂寞，是很多人都要面對的起點，都要經過的階段，唯一能改變的就是看自己要怎麼度過它。有些人因爲能夠忍受和戰勝這一刻的寂寞、下一刻的寂寞，所以他迎來了成功。而有些人就只能在寂寞的感慨中、在怨天尤人中不停地走著。

3 自古雄才多磨難

能受煆煉，便如松柏歷歲寒而逾堅。不受則如夏草春花，甫遇風霜，頹靡無似矣。

——弘一法師

弘一法師曾說：「一個人不經過艱難困苦的環境的磨練，知識、思想和修養就很難會取得大的進步，也不會對生活有深刻的感悟，自然就難以頓悟成佛了。」

在古印度，水災或是乾旱時有發生，老百姓們常常失去收成，過著忍饑挨餓的日子。有一位婆羅門，對此十分不忍。於是，他每天清晨都到廟裏去祈求梵天免除這些災難，讓人們過上富足安穩的日子。

他的虔誠終於感動了梵天，梵天來到了婆羅門的面前，婆羅門激動地叩拜在梵天的腳下說：「尊敬的梵天啊，您創造了這個世界，卻時常讓人間的土地乾旱或洪水成災，導致農民失去收成，現在大家都過著饑餓的日子，您怎麼忍心呢？還是讓我來教您點東西吧。」

聽完婆羅門的話，梵天並沒有因為他的不敬而生氣，他平靜地說：「那就請你教我吧。」

婆羅門說：「請您給我一年的時間，在這期間，您會按照我所說的去做，你就會看到，世界上再也不會有貧窮和饑餓的事情發生了。」

梵天答應了婆羅門提出的條件。在這一年裏，梵天按照婆羅門的指示沒有電閃雷鳴，沒有狂風暴雨，甚至任何可能會對莊稼不利的自然災害都沒有發生過。在風調雨順的環境下，莊稼的長勢格外喜人。

一年的時間轉眼就過去了，看到麥子長得那麼好。婆羅門就又向梵天禱告說：「梵天您瞧，如果一直這樣做，十年後，人們就算不幹活也不會餓死了。」梵天只是在空中對著婆羅門微笑，並沒有回話。

終於到了收割的時候，當大家興高采烈地割下麥子時，卻發現麥穗裏邊空盪盪的，什麼都沒有。婆羅門非常驚慌，他又跑到神廟裏去向梵天禱告說：「梵天呀，請您告訴我，這究竟是怎麼一回事？」

「那是因為小麥都沒有受到任何打擊的緣故。這一年裏，它們過得太舒服了，沒受到過烈日煎熬，也沒經過風吹雨打。你幫它們避免了一切可能傷害它們的事情，這的確是讓它們長得又高又好，但是，我的孩子，你也看見了，麥穗裏什麼都結不出來……」梵天微笑著回答說。

萬事順意是不利於成長的。太過舒服的生活會消磨人的意志，讓你的修養和學識停滯不前。只有忍受苦難，經受必要的錘煉，才能讓一個人走向成熟，擁有大智慧。

自古雄才多磨難，似乎成了一條定律。在向目標前進的道路上，不知要倒下多少人。大浪淘沙後，剩下的就成了精英。武俠小說中的武林高手，每過幾年就要閉關修煉，這是因爲長江後浪推前浪，江湖之大，靠的是真本事吃飯，然而江湖又總是新人高手輩出。因此，唯一的辦法就是修煉，只有不停地磨鍊，使自己強大，才能不被淘汰。

「心有多大，江湖就有多大」。我們這個時代求知的人要耐得住寂寞，要有把自己放在知識的爐火裏煉個三年五載，脫上幾層皮的精神。這樣雖然未必就能煉就一雙火眼金睛，但至少會讓你更加聰明伶俐。事實上，當你默默無聞地忍受著孤獨寂寞的時候，你的力量在增長，你的根基在扎實。等到屬於你的雨季來臨時，你就會像毛竹一樣，創造生命的奇蹟。

4 說「難」前，先問問自己是否竭盡全力

心如即是坐，境如即是禪。如如都不動，大道無中邊，若能如是達，所謂火中蓮。

——弘一法師

遭遇挫折並不可怕，可怕的是因挫折而對自己能力產生懷疑。事實上，只要精神不倒，敢於放手一搏，就有勝利的希望。但是很多人在困難面前，還沒有付出自己最大的努力，就匆忙放棄。「世上無難事，只怕有心人」。只要你有一顆戰勝困難的心，那麼，就沒有什麼事情是難的。在說一件事情難之前，我們首先應該先問自己：「你竭盡全力了嗎？」

我們之所以說一件事情很難，往往是因爲我們並沒有盡到自己最大的努力！雖然我們嘴上說自己已經「盡力」了，其實我們的能力還沒有發揮出來。難，其實只是自己不願意克服困難的一種藉口而已。

在面對眼前的困難時，先把「不可能」放到一邊，只想自己是否竭盡全力。學會想盡一

切辦法、盡一切可能去努力解決問題。世界上沒有「天大的問題」，任何問題都會解決；世界上沒有「天大的困難」，只有面對困難時沒有盡力留下的遺憾和悔恨。

遇到困難就拿出自己百分百的努力來解決，不要給自己的人生打折扣，如果在面對困難的時候打折扣，那麼你的成功也會打折扣。

廿四歲的海軍軍官卡特，應召去見將軍海曼．李科弗。將軍讓卡特挑選任何他願意談論並且擅長的話題，然後再和他去討論，結果每次將軍都將卡特問得直冒冷汗，卡特這才發現自己懂的實在是太少了。

在談話結束的時候，將軍問他在海軍學校的學習成績怎樣，卡特立即自豪地說：「將軍，在八百二十人的一個班中，我名列五十九名。」將軍皺了皺眉頭，問：「為什麼你不是第一名呢，你竭盡全力了嗎？」

此話如一記當頭棒喝，敲打著卡特的內心。此後，他做任何事情都一定竭盡全力。後來，他成了美國總統。竭盡全力，就是要把意識的焦點對準如何解決問題，不給自己任何敷衍和偷懶的藉口。

在面對一些困難時，我們往往認爲自己已經盡力了，但實際上自己並沒有竭盡全力。我們之所以說事情艱難，就是因爲我們沒有盡到最大努力。所以，在面對問題和困難的時候，我們永遠先不要先說難，而要問一問自己是否已經竭盡全力。

難，是我們用來拒絕努力的常用理由。但是，問題真的有那麼難以解決嗎？解決問題最關鍵的一點，就是先把「不可能」的想法放在一邊，只想著自己是否完全盡力，是否想了一切辦法，盡了一切可能。如果將心靈的焦點對準「難」，那麼大腦也會隨後找出千萬個理由，證明真的很「難」，人就很容易屈服。面對如此「難」的問題，人的內心很自然的就會產生畏懼心理，使人無法冷靜地應對問題，甚至行動受阻。

所以當你面對困難的時候，先不要考慮難不難，而要想自己是否盡了最大的努力，這樣你就能把注意力集中在盡力挖掘自己的潛能上，這樣反倒更容易解決問題。

【第三課】

變故來時，只宜靜守，不宜躁動

我們可以忙碌，
但必須要抽時間安靜下來，
放寬心境和放鬆心態。
只有這樣，才會發現更為廣闊的天地，
才能體味更美好的時光，
收穫更完整且美麗多彩的人生。

1 「靜」是心靈的自我治療師

不為外物所動之謂靜，不為外物所實之謂虛。

——弘一法師

法國人可以花三百年修建一座宮殿，德國人可以花十年設計一套生產線，美國人可以花七年拍攝一部史詩級的電影……我們可以稱其爲不浮躁的民族，不浮躁的國家。

李時珍寫《本草綱目》用了廿七年，歌德完成《浮士德》用了五十八年，馬克思的《資本論》則窮其一生……我們可以稱之爲不浮躁的人。

弘一法師認爲，忙碌有時是一種需要，但有時也會使人迷路。我們可以忙碌，但是必須要抽時間安靜下來，放寬心境和放鬆心態。只有這樣，你才會發現更爲廣闊的天地，才能體味更美好的時光，也正因如此，你失去的東西才會回來，甚至最終會收穫更完整且美麗多彩的人生。

在山中的廟裏，有一個小和尚被派去買菜油。出發之前，廟裏的廚師交給他一個大碗，並嚴厲地警告道：「你一定要小心，我們最近財務狀況不是很理想，你絕對不可以把油灑出來。」

小和尚到山下買完油，在回廟的路上，他想到了廚師兇惡的表情及鄭重的告誡，越想心裏越緊張，於是他小心翼翼地端著裝滿油的大碗，一步一步地走在山路上，絲毫不敢左顧右盼。然而天不遂人願，在快到廟門口的時候，他沒有向前看路，結果踩到了一個洞。雖然沒有摔倒，卻灑掉了三分之一的油。小和尚懊惱至極，緊張得手都開始發抖，無法把碗端穩。等到回到廟裏時，碗中的油就只剩下一半了。

廚師非常生氣，指著小和尚罵道：「你這個笨蛋！我不是說要小心嗎，為什麼還是浪費這麼多油？真是氣死我了！」小和尚聽了很難過，開始掉眼淚。這時，一位老和尚走過來對小和尚說：「我再派你去買一次油。這次我要你在回來的途中，多看看沿途的風景，回來要把美景描述給我聽。」小和尚很是不安，因為自己小心翼翼都還端不好油碗，要是邊看風景邊走，更不可能完成任務了。不過在老和尚的堅持下，他還是勉強上路了。

在回來的途中，小和尚聽從老和尚的意見，觀察起沿途的風景。這時，他驚奇地發現山路上的風景如此美麗：遠處是雄偉的山峰，山腰上有農夫在梯田上耕種，一群小孩子在路邊快樂地玩耍，鳥兒輕唱，輕風拂面……

在美景的陪伴中，小和尚不知不覺就回到廟裏了。當小和尚把油交給廚師時，發現碗裏的油裝得滿滿的，一點都沒有灑掉。

老和尚的建議其實充滿了智慧。生活中，人們因爲忙碌而忽略了本應屬於自己的生活方式，把焦點全集中在自己的成績、工作、效率上，太執著於某一點的得失反而更容易失去。很多時候，我們只是感到失去太多，卻從不肯停下來，總結自己失去了什麼，又是如何失去這些寶貴事物的。

匆匆地在樓上樓下奔走，我們錯過的是鄰里間的溫暖；匆匆地往返於工作和家兩點之間，我們錯過的是應有的花樣年華，錯過的是眼前的春夏秋冬；匆匆地走在滾滾財源的路上，我們錯過的是花草的性靈，錯過的是朗朗晴空、熠熠星空……

如果我們失卻了對世間萬物的體味，也就失卻了思想的廣度，失卻了對人生與社會體會的深度。這樣的話，又如何能夠把握自己的人生，把握環境給予你的機會呢？

放慢匆匆的腳步，安靜下來，我們會發現，許多美妙的事物就在身邊和眼前。不必對所有的事情都抱有強烈的目的性，人的一生總有做不完的事情，只要我們擁有一顆平和之心，就不會錯過沿途風景，相伴而來的是不會錯過藏在角落裏的機會。

在這個略顯匆忙、浮躁的年代裏，只有「靜」是心靈的自我治療師。每每在人生低潮或高潮時，它都是讓我們身心健康、性情圓滿的唯一途徑，使我們在漫漫人生長路中隨時隨地都能保有一份愛和覺醒。

2 靜心的裨益

人當變故來時只宜靜守，不宜躁動，即使萬無解救，而志正守確：雖事不可為，而心終可白；否則必致身敗名亦不保，非所以處變之道。

——弘一法師

有人擔心：「如果我的工作需要積極進取、勇往直前的態度，那靜下來，會不會讓我遲緩下來，阻礙我的事業發展？」事實上，靜和現實生活緊密相連。

人在向前「衝」的時候，會遇到很多問題，而「靜」就像跑道上的「剎車帶」，能讓人以另一種角度來思索。

第一，人在往前衝時不等於方向正確。如果我們在花了時間與力氣後，仍達不到任何效果，甚至造成個人與公司的損失。靜心的功夫，可以幫助我們沉澱智慧，看清方向，知所進退，謀定而後動。

第二，即使方向正確了，每個人身上所攜帶的負面情緒或負面特質，仍可能在關鍵時刻影響你的行動。靜心的功夫能讓你安然淡定地面對負面情緒與特質，使你擁有一雙澄澈的雙眼，看透問題所在，並且具備解決問題的能力，成爲一個真正清新、有朝氣而沒有負擔的人。

第三，往前衝的過程中，會面臨新的挑戰、累積新的壓力。這些壓力將使你疲憊不堪，身心健康大受影響。此時，靜心的功夫會溫柔地擦拭累積在你身心靈上的灰塵，協助你有效地排解壓力，重拾身心靈的平衡與健康。

當事情堆積如山，壓力不斷加重，想要在事業上有所成就、在工作與生活中獲得平衡與快樂時，我們需要的不只是衝勁，靜心的功夫能夠協助你培養氣定神閑的心律，使你有條不紊地工作，事半功倍，邁出成功的第一步。

靜心的裨益遠不止於工作，靜，可以協助你開發更深層的自我療癒功能，在沉靜而安穩的空間中，拯救長久被束縛的身心、被擾亂的生命，進而逐步滌清煩惱、理清思路，朝向清醒、健康、舒適、自然的方向邁進。

3 世上沒有一蹴而就的事業

意粗，性躁，一事無成。心平、氣和，千祥駢集。

——弘一法師

一朝成名的事我們經常在電影裏看到，但是回到現實中，有多少人能不費吹灰之力就獲得成功呢？在我們這個社會，有太多的年輕人愛做夢，總想著自己什麼時候買彩票中個大獎，什麼時候可以一夜之間變成大明星。然而這些夢想都是小說中才有的情節，現實中不要指望著通過這些事情能來改變自己的命運。我們能做的就是思考如何腳踏實地地去工作，這才是我們應該考慮的問題。

人人都想成功，都想出人頭地，成爲富翁、專家學者、政要，可是在看到他們成功、風光的同時，我們是否注意到，他們也曾經胼手胝足、寒窗苦讀，數十年如一日地艱辛奮鬥？

天下沒有免費的午餐，事業的成功、智慧的積累，都需要血汗的付出和不斷地磨鍊。沒有地基的空中樓閣難以矗立晴空，世上也根本就沒有一蹴而就的事業。如果你還在想一夕致富、瞬間成名，卻不懂得勤奮努力、循序漸進，那麼你遲早會毀於那些不切實際的夢幻中。

每一條河鯉都想躍過龍門，因為只要躍過龍門，牠們立即就能變為超凡入聖、騰雲駕霧的巨龍。

可是，龍門實在太高，數萬年來，也只有幾條河鯉躍過了龍門。其餘的河鯉累得筋疲力盡，碰得頭破血流，卻只能望龍門而興歎。一天，牠們集合起來，一起向佛祖禱告，求他發發慈悲，把龍門降低一些。佛祖把龍門的高度降到了最低限度，以確保每一條河鯉都能躍過去。

河鯉們輕輕鬆鬆地躍過龍門，陸續擁有了夢寐以求的龍身。

但是，牠們不久後發現，大家都變成了龍，跟以前做鯉魚的時候也沒什麼不同。於是，牠們再次集合起來向佛祖禱告，問佛祖為什麼自己做了龍，卻沒有做龍的感覺？

佛祖說：「真正的龍門怎麼會降低呢？你們要想體會真正的龍的感覺，還是回去重新跳那個沒有降低高度的龍門吧！」

弘一法師說：「成功路上沒有捷徑，自欺欺人的結果只能是自食苦果。世上的成功者，就像躍過龍門的鯉魚，必須經過千辛萬苦，不斷磨鍊。如果猴子穿上衣服就能變成人，這個世界豈不亂套？面對現實吧！因爲一旦大家都成了龍，龍反倒沒什麼稀罕了。」

在這個世界上，成功不是天註定的，如果你想獲得成功，想和別人擁有一樣的生活和地位，就要靠自己的努力去爭取。假如每個人靠空想就都能獲得成功，那麼這成功又有什麼意義呢！要想安安穩穩地享受成功，就必須停止做一些不切實際的夢，腳踏實地地去努力。

但凡取得一些成就的名人，他們都是靠自己艱辛的努力才換來眼前的一切，沒有哪一個是通過投機取巧、坑蒙拐騙的方式取得成功的。我們爲什麼要上學，而且必須寒窗苦讀？其實就是爲了打下一個良好的基礎，沒有基礎，怎麼能談得上成功呢？所以，成功需要一個過程，需要一種考驗，沒有這些做前提，所有的成功都是虛幻。

唐朝宰相裴休是一個虔誠的佛教徒，他的兒子裴文德年紀輕輕就中了狀元，進了翰林院，位列學士。但裴休認為兒子雖然科舉成功，但還沒有真實的人生歷練，不希望他這麼早就飛黃騰達，因此他就把兒子送到寺院中修行，並且要他先從行單（苦工）上的水頭和火頭做起。

於是，這位少年得意的翰林學士不得不天天在寺院裏挑水砍柴。他每天都累得要死，心中不免牢騷，抱怨父親不該把他送到這深山古寺中做牛做馬。但父命難違，他也只好強自忍耐。時間一長，裴文德就把心中的怨氣發到了寺裏的住持頭上，他心想：這裏的住持太不識趣了，我不如寫首詩，讓他給我換個輕鬆差事。於是有一天，裴文德擔水的時候就在牆壁上題了兩句詩：

翰林挑水汗淋腰，

和尚吃了怎能消？
該寺住持無德禪師看到後，微微一笑，當即在裴翰林的詩後也題了兩句：
老僧一炷香，
能消萬劫糧。
裴文德看過後，不禁感到自己實在太淺薄了，從此收束心性，老老實實地勞作修行。

在佛家看來，眾生皆是佛子，翰林也好，和尚也罷，本質上是沒有卑賤顯貴之分的。勞動不僅是每個正常人分內的事，也是一種修煉，所謂「天將降大任於斯人也，必先苦其心志，勞其筋骨，餓其體膚，空乏其身」。許多富貴子弟成不了才，是因爲他們只顧著享受，不願意磨鍊自己，這樣的人，又怎麼能獨自撐起一片天空呢？

當然，外在修煉還是其次，真正的目的是要淨化自己的內心，去除浮躁心理，踏踏實實地做事做人。我們的命運是靠自己的雙手來改變的，沒有哪一個人能靠別人的施捨來獲得成功。如果你沒有能力擁有成功，那麼即使獲得了成功，你又怎麼能守得住呢？就像蓋一棟房子，如果不打好地基，那麼樓層高了肯定是要倒塌的。

這個世界上沒有「天上掉餡餅」的事發生，所以不要再用幻想來構建自己的生活，要想獲得別人的贊許和欣賞，就要靠自己腳踏實地地去努力！

4 衝動的時候，不要做任何決定

盛喜中，勿許人物。盛怒中，勿答人書。喜時之言，多失信。怒時之言，多失體。

——弘一法師

弘一法師說：「很多居士皈依佛門了，懂得了一些道理，就開始離家出走。家、工作都不要了，孩子也不管了，然後到廟裏做義工，做一些善事。沒有幾天又動心了，想家、想孩子，就回去了，回去以後又開始造業了。這叫什麼？這叫業際顛倒。這種人沒有暇滿人身，所以沒有解脫的機會。爲了不變成這樣的人，自己一定要考慮成熟，然後才可以下決心。」

所以，心態一定要穩定，思維一定要成熟，然後才談得上積累功德。

人遇事一定要仔細觀察、深思熟慮，不要在衝動、激動的狀態下下決心、做決定，因爲這種決心和決定都是不穩定的。

有個男人，妻子生小孩時難產死了。幸好他家有條聰明能幹的狗，自然而然地擔負起照看嬰兒的重擔。有一天，男人有事外出，很晚才回來。狗知道主人回來了，歡快地出來迎接。可是男人看到狗嘴裏都是血，頓時一種不祥的預感湧上心頭，心想是不是這狗由於饑餓，獸性發作把孩子給吃了。於是他連忙趕到臥室，一看床上沒人，只有一堆血跡。男人在狂怒之下，拿起棍子便將這條狗活活打死。誰知就在這時候，孩子哭著從床底下爬了出來，男人這才知道自己錯怪了狗，四下查看，發現不遠處躺著一條狼，已被活活咬死，再看那條狗，後腿也被嚴重抓傷。

原來在男人外出的時候，有條狼溜了進來想偷吃孩子，這條狗勇敢地衝上去與狼搏鬥，最終保住了孩子的生命。男人知道真相後，嚎啕大哭，悔恨不已，可是一切已經無法挽回。

爲什麼會發生這樣的悲劇?那是因爲男人被強烈的憤怒沖昏了頭腦，以至於忽視了最基本的判斷與核實的步驟。其實這也是多數人的通病。根據心理學家的測算，人在憤怒的時候，智商是最低的。在憤怒的關頭，人們會作出非常愚蠢的決定並自以爲是，也會作出非常危險的舉動而大義凜然。這個時候所作的決定，百分之九十以上都是極端的錯誤決定。

其實，很多人都是因爲「一時之氣」而斷送一生的——幾乎所有的在獄囚犯都表示過後悔，幾乎所有的刑事案件都是人們在生氣的時候作了一個不理智的決定而發生的，幾乎所有罪犯在接受採訪時都表示過「如果當時………」

事實上，絕大多數人本質是善良的。正所謂「人之初，性本善」，真正窮兇極惡，以殺人放火爲樂事的人畢竟少之又少。從這個意義上講，在生氣時能否擁有理智，將從根本上影響人的一生。

人是感性動物，生活在愛恨情仇的交織中，而人生又是處在不斷選擇之中，有些選擇或許無關痛癢，有些選擇卻事關全局。因此，有些失誤可以盡力彌補，有些失誤卻無力回天。因生氣而作出錯誤決定的事情，幾乎每個人身上都發生過。如果你沒有被錯誤的決定所傷害，是應該感到慶幸，但幸運並不一定永遠垂青於你。要想把握自己的人生方向，使之不偏離軌道，就請記住這句忠告：在生氣的時候不要作任何決定！

5 靜心的「法門」

靜坐，收斂浮氣。

——弘一法師

弘一法師說：「靜心並不是要你當苦行僧，靜心是可以高高興興地享受的，就像享受一杯清香的好茶，滋潤著我們的心脾。所以無須將之看得過於嚴肅，不必愁眉苦臉，也不要把它當成一種不得已而為之的苦行，一種使人痛苦的心性折磨，更不要把它當成是必須完成、如果不按時做，次日就要受老師處罰的功課。讓我們懷抱著一顆享受的心來品味屬於自己的靜心。」

當你選擇了靜心，不妨從「儀式」開始。

「儀式」並不是指宗教的儀式，而是將靜心之前和靜心開始之後，做一個區隔。日常生活中總是有諸多使人忙碌的大小事情，因此心情也會常處於焦躁、匆忙之中，要是一時間緩和不下來，我們就容易把這種心情帶到靜心裏去，甚至把靜心當作是工作日誌上排得滿滿的一件不太重要的例行之事，只想趕快把它做完。

因此建議你在開始做靜心練習時，使用「儀式」加以區隔，以便先把那顆急促的心緩和一下，再進行靜心，使自己更能深入享受，而不是緊張地胡亂做完交差了事。

比方說，你有一個專門靜心的房間，每當你要開始靜心時，就把「踏入房間」當成一種儀式。告訴自己：「現在我要踏入這個房間，踏入之後我就要投入我的靜心裏。」

你可以深吸一口氣，帶著覺知踏入房間裏。「踏入房間」是一種「儀式」，這種「儀式」會營造出一種「我現在要做靜心了」的覺知，而這份覺知將會帶給你一種沉澱的心情和關懷自己所作所爲的溫柔愛心。

或者，在做靜心之前，把房間的地板仔細擦一遍，然後點上一支蠟燭，擺好坐墊，深呼吸幾次，感受身邊的氣氛，再開始做靜心練習。這是我自己每次做靜心前的準備活動。有些人則以洗澡作爲靜心的準備，將自己累積了一日的灰塵沖去，使身體乾淨清爽之後，更容易享受清新的放鬆。

什麼樣的「儀式」都可以，重點在於和日常生活匆匆忙忙的心做出一個區隔。讓自己緩和、沉澱下來，帶著愛和關懷進行靜心，體會「靜」的永恆愉悅，而不是只把它當成每日的例行任務。

當你正式開始靜心了，建議你買一本自己喜歡的筆記本，經常寫寫自己的靜心日記，甚至可以用畫畫的方式記錄，享受你自己的創造力。日記內容當然是你做靜心的感受、感動、牢騷、觀察、自我發現和探索等。

寫日記是一種自我觀察的好方法。寫下自己的感受之後，就有了客觀的距離去觀察你所體驗的東西，甚至有時候原本不清晰明朗的地方，在寫的過程中經過你不斷地思索、咀嚼它，某一刻它就突然變清晰了、已經被消化了。因此，寫靜心日記是一個接觸自我的良好機會。

靜心日記是一種輔助方式，重點在於接觸自己、探索自己，使你累積的經驗更爲沉澱清楚。並且在寫或畫的過程中，你還可以享受自己的創造力帶來的喜悅感。

切莫把它當成「吾日三省吾身」的做法，很嚴肅地寫下你今天哪裏做錯、你又該如何批判自己、明天一定要如何改進才行，等等。請記得不要讓自己太緊張了！

靜心是好玩的、有趣的、幫助你愛自己、接納自己、帶著童真的好奇心去觀察你自己的。所以，若你把靜心日記當成是「今日考察」就大錯特錯了。當你的體驗沉澱，你就會歸納出屬於自己的智慧。這份智慧完完全全屬於你，它不是別人傳授的知識，也不是別人的經驗之談，它具有一種真實的厚度，一種實在感。你會成爲一個具有原創性智慧的人，會成爲自己的大師。

三個星期之後，如果你覺得用這種方法已不再有效，那麼就可以再另選一個適合或相投的方法，繼續深入去做。一旦選擇，就要天天做，這樣才能體悟出靜心的效果以及它帶給我們生命的影響。

6 遠離一切和目標無關的東西

明白自己的目標固然可貴，但更可貴的是為了成就目標而堅持不懈的精神。一旦發現自己的所作所為偏離了目標，就更應該做到知非即捨。

——弘一法師

每個人都應該有一種愛好，無論是智者的修行，還是普通人的生活。培養一定的興趣愛好，陶冶情操，都不是什麼壞事，但「業精於勤，荒於嬉」，千萬不要玩物喪志，沉迷其中。

慧遠禪師年輕時喜歡雲遊四海。有一次，他遇到一位嗜好吸煙的行人。兩人一起走了很長一段山路，然後坐在河邊休息，行人給了慧遠禪師一袋煙，慧遠高興地接受了行人的饋贈。兩人一邊抽煙，一邊聊天，談得十分投機。分手前，行人又送給慧遠一根煙管和一些煙草。

待行人走遠，慧遠突然想到：煙草這種東西令人十分舒服，肯定會干擾我的禪定，時間長了一定會形成依賴，我還是趁早戒掉為好。於是，他隨手一揮，把煙管和煙草全部扔掉了。

幾年後，慧遠迷上了《易經》。那年冬天，天寒地凍，他寫信給自己的老師請求他寄一件棉衣給自己，但是信寄出去很久，以至於冬天已經過去，山上的雪都開始化了，可棉衣還是沒有寄來，送信的人也沒有任何音信。於是，慧遠現學現賣，用《易經》為自己卜了一卦，結果顯示自己那封信已送到老師那裏。從此，他再也沒有接觸《易經》之術。

之後，慧遠又一度迷上了書法。他每天潛心鑽研，居然小有成就，甚至有幾個書法家對他的書法也讚不絕口。但慧遠轉念想到：我又偏離了自己的正道了。再這樣下去，我可能成為一個書法家，但永遠也成不了禪師。

於是，他再次收束心性，一心參禪，遠離一切和禪無關的東西，終成一代宗師。

我們常常聽別人提起自己愛好廣泛，各門藝業都可以精通，但越是這樣的人，他們最後越不可能在某一個領域達到巔峰狀態。因爲他們的精力完全分散了，目標太多，孰重孰輕都不知道，所以，他們不可能有大的作爲。

一個人要想在某一個領域內成爲大師，必須專注於此事，不能因爲外界的誘惑而改變自己當初的目標。我們在生活或是工作中，必須有一個明確的目標，比如說想要成爲一名音樂家，你就必須每天專注於研究樂理、曲譜，有一項自己擅長彈奏的樂器，並且勤於練習；如果想成爲一名設計師，那麼你就必須把自己的精力放到藝術設計方面，平時多看一些藝術作品，汲取靈感，且勤於繪畫，還要在生活中保持一雙善於發現的眼睛，時刻收集藝術方面的元素，用於創作中。當然，興趣愛好我們還是要有的，比如說業餘可以練練書法，唱唱歌、跳跳舞，這是對心靈的一種放鬆，只是儘量不要把你的業餘愛好昇華爲自己的人生目標，否則，就會影響到你前進的步伐。

專注是每一名成功者都必須具備的素質，堅定自己的目標，無論遇到什麼樣的困難都能堅定不移地走下去。你想成爲一個什麼樣的人，就要去做什麼樣的事，如果偏離了方向，那麼你只會越來越不明白生活的本質是什麼，也不知道自己活著的意義。目標明確，不被別的東西所束縛，你才可能有所成就。一個沒有明確目標或者隨時都可能改變目標的人，是不可能有所成就的！

【第四課】

悟性、靈感和才華

學習是一種進取的精神。
正是由於這種精神的存在，
人生才有意義。
過去的成績僅僅代表過去，
我們應當注重的是未來。

1 學習沒有年齡的限制

小李叔同天生聰慧，七歲攻讀《文選》，即能「琅琅成誦」，八歲從其乳母背誦《名賢集》格言：「高頭白馬萬兩金，不是親來強求親。一朝馬死黃金盡，親者如同陌路人。」不但能背誦如流，而且能通曉其義。

——摘自《弘一法師傳記》

學問只有通過不斷地學習才能內化成自己的東西。一個人即使天賦再好，也不可能隨隨便便就將不是自己的知識據爲己有，頂多是在學習的時候比別人快一些。同樣地，一個人就算是天賦一般，但只要能堅持不懈地學習，遲早也會有成大器的一天。

人生是需要不斷地充電的。整個社會都在不斷前進，如果你不升級自己，那麼唯一的結果就是被社會拋棄。

知識長時間地擱置，就會隨著時間的推移而逐漸被淡忘，若是不回頭溫習，也不再吸收新的知識，只怕那僅有的一點知識也會蕩然無存。因此，在我國的歷史上有很多著名的大文豪，老年之後的文章或者是詩詞，反而沒有年輕時候好，就是這個原因。

求學是個積累的過程，沒有人可以不下苦功就擁有大學問。

王安石的《傷仲永》中講述了一個神童最終變成普通人的故事。

仲永天資聰慧，五歲即能指物作詩，且文理皆有可觀者，一時之間他的名氣傳遍鄉里，人人都感到很詫異。因此很多人就請仲永的父親做客，甚至有人拿錢請仲永作詩。仲永的父親見有利可圖，就拉著仲永四處作詩，耽誤了學習。結果幾年以後，這個神童就變得很平庸了。

葛洪說：「學之廣在於不倦，不倦在於固志。」人的生命是有限的，而學問是無限的。一個人有了一定的學問，卻還能夠認識到自己的學識、能力還不夠，繼續不斷學習，不斷進步，最終養成了這種習慣，他的學問將越積越多。學問積累得越多，就越有智慧，志向就越來越大，成就也越來越讓人刮目相看。

左思是西晉太康年間著名的學者，他曾著有一部《三都賦》，在京城洛陽廣為流傳，人們嘖嘖稱讚，競相傳抄，一下子竟使得洛陽的紙賣得貴起來了。不少人都到外地買紙，抄寫這篇千古名賦。

不過左思年少時並不是非常聰明，他相貌平平，說話結巴，倒顯出一副癡癡呆呆的樣子。他的父親左雍還曾對他的朋友說：「左思雖然成年了，可是他掌握的知識和道理，還不如我小時候呢！」

左思不甘心受到這種鄙視，開始發憤學習。當他讀了東漢班固寫的《兩都賦》和張衡寫的《兩京賦》後，雖然很佩服文中用宏大的氣魄、華麗的文辭寫出了東京洛陽和西京長安的宏偉氣派，可是他也看出了其中虛而不實、大而無當的弊病。自此，他決心依據事實和歷史的發展，寫一篇《三都賦》，把三國時魏都鄴城、蜀都成都、吳都建業寫入賦中。

他在臥室、廳堂、門前、廁所等凡是平常出入的地方都放著書籍，以便隨時學習，還在旁邊放上紙筆，只要一想到有好的句子，便寫下來。如此，一直過了十年，功夫不負有心人，左思終於完成了傳世華章《三都賦》，轟動整個京師，左思也隨之名聲大噪。

有句老話說得好，「活到老，學到老」。每個人的一生都應該是在不斷學習新事物中度過。學習是一輩子的事，沒有年齡階段的限制。正因爲這種孜孜不倦的學習精神，讓我們隨著年齡的增長，對世事有了更高的明悟。

學習是一種進取的精神。正是由於這種精神的存在，人生才有意義。過去的成績僅僅代表過去，我們應當注重的是未來。人應當是在進步中實現著自己的人生價值，體會著人生的快樂，從求知中獲得自我的幸福和滿足。由此可見，人的學習是一輩子的事情。人類社會越來越文明，作爲個體的人，一生中需要學習的東西也就越來越多。

有人將人生比作是一輛列車，唯有不斷地學習，才能使生命的車輪不停前進，才能感覺到生命的動力，從而品嘗到生命成長的喜悅。不學習的人生，就像是列車拋錨一樣，停在原地不動，如此一來，它只會慢慢生銹而已。

2 要明確讀書的目的

「戊戌變法」失敗後，李叔同到上海刻印明志：「南海康梁是吾師！」「辛亥革命」成功的時候，李叔同譜一曲慷慨激昂的「滿江紅」，以志慶喜：「皎皎崑崙山頂月，有人長嘯。看囊底寶刀如雪，恩仇多少！雙手裂開鼷鼠膽，寸金鑄出民權腦。算此生不負是男兒，頭顱好。荊軻墓，咸陽道。聶政死，屍骸暴。盡大江東去，餘情環繞。魂魄化成精衛鳥，血花濺作紅心草。看從今一擔好山河，英雄造。」

——摘自《弘一法師傳記》

有些人讀書沒有具體目的，也沒有具體要求，他們東翻翻西翻翻，一點沒有緊迫感，沒有壓力，收穫自然就很小。只有確定了目的，我們讀書才會有緊迫感，才能做到思想集中、思維積極，收穫也就很大。

香港科技大學教授丁學良曾撰文《讀書的六種目的取向》，其中寫到：第一種，爲尋求知識而讀書；第二種，爲尋求技能而讀書；第三種，爲滿足好奇心而讀書；第四種，是出於情感的需要、情感的驅使而去讀書；第五種，爲了尋求一種生命的意義，人生的意義，最高的、終極意義上的價值目標而去讀書；第六種，是關於人該怎麼樣奮鬥，該怎麼樣向上而讀書。

有目標才有動力，幾千年來中國的知識份子一直把「修身齊家治國平天下」作爲治學的最高理想。所以才會有「懸樑刺股」這樣刻苦讀書的故事。

戰國時的蘇秦出身農民，少有大志，曾隨鬼谷子學遊說術多年。後辭別老師，下山求取功名。他先回到洛陽家中，變賣家產，然後周遊列國，向各國國君闡述自己的政治主張，希望能施展自己的政治抱負。但無一個國君欣賞他，蘇秦垂頭喪氣，只好穿著舊衣破鞋回到洛陽。

洛陽的家人見他此般落魄，都不給他好臉色，連央求嫂子做頓飯，嫂子都不給做，還狠狠訓斥了他一頓。蘇秦從此振作精神，苦心攻讀。把頭髮束住吊在房樑上，讀書困倦了用錐子刺自己的腿，「頭懸樑，錐刺股」便由此而來。

一年後，蘇秦掌握了當時的政治形勢，開始第二次周遊列國。這回他終於說服了當時的齊、楚、燕、韓、趙、魏六國國君「合縱抗秦」，並被封為「縱約長」，做了六國的相國。

讀書有了目的才會有動力，讀書的目的越明確，效率自然就越高。然而，由於讀書的動機有差異，結果也因人而異。中國歷代不乏「讀書入學莫徘徊，可以升官又發財」的書生。很多人抱著「學而優則仕」的觀念，或是爲了「跳龍門」，衝著「書中自有黃金屋，書中自有顏如玉」去的，也有很多讀書人期望的是「十年寒窗無人曉，一舉成名天下知」。正是這樣的目的，讓范進執著於數十年讀書科考，最後喜極而瘋。

徐宗文先生談到讀書的三重目的——爲知，爲己，爲人。爲知，就是爲了積累知識，增長學問、見識和智慧；爲己，就是古人所說的修身正己，培養自己人格、道德和情操；爲人，就是熱愛生活、勤奮工作，運用書中所學造福社會。

所以說，充實而有意義的人生，應該伴隨著讀書而發展。誠然讀書的目的是拓寬人的視野，增長知識，鍛鍊才能，提高修養和欣賞水準，但更重要的是學會怎樣做人和提高道德品質。

「做人要從讀書開始」，書讀得好，人才做得好。不讀書，雖然會做人，但是不夠完美，所謂「人不學不知道」，不讀書就不能明白道理，不明白道理就不能做一個好人。社會發展要有秩序，公眾相處要能和諧，人人爭做書香人士，這個社會、這個國家必定有所爲。

3 只要有心，人生處處皆是學問

觀天地生物氣象，學聖賢克己功夫。

——弘一法師

生活當中有許多值得我們留心的東西，一幢有特色的建築、一個裝飾漂亮的門面、一間佈置典雅的咖啡廳、一本書的封面設計……這當中都有許多值得我們學習的東西，只要我們留心觀察和思考，多少會有所收穫。

人只要有心，人生處處皆是學問。書本並不是學到知識的唯一途徑，有些學問，書本上根本就沒有，我們若是死死地抓著書本，而與現實脫軌的話，那就真的要變成一個書呆子了。

老子說：「人法地，地法天，天法道，道法自然。」其實天地之間的一切都是有跡可循的，這一切的規律都是學問。

海邊捕魚的人，都知道什麼時候潮起，什麼時候潮落。有人觀察格外細心，發現潮起潮落和月亮的圓缺竟然有意想不到的「巧合」。經過不斷探索，人們發現了一個秘密，原來「潮汐」竟與天上的月亮有關。

英國物理學家牛頓看到蘋果落地這一普通的現象後，產生了極大的興趣，他努力鑽研、認真探索，最後解開了這個謎團，發現了「萬有引力定律」。英國大發明家瓦特看到壺中的水燒開後頂起壺蓋兒，暗自稱奇，經過一番研究之後，他改良了蒸汽機。

只要我們處處留心身邊的知識，並能夠把握住它，就能將它化爲己用。

相傳有一年，魯班接受了一項建築一座巨大宮殿的任務。這座宮殿需要很多木料，由於當時還沒有鋸子，大家都只能用斧頭砍伐，但這樣做效率非常低，遠遠不能滿足工程的需要。為此，他決定親自上山察看砍伐樹木的情況。

上山的時候，魯班不小心滑了一跤，無意中抓了一把野草，卻將自己的手劃破了。魯班很奇怪：一根小草為什麼這樣鋒利？於是他摘下了一片葉子來細心觀察，發現葉子兩邊長著許多小細齒，用手輕輕一摸，這些小細齒非常鋒利。他頓時明白了，自己的手就是被這些小細齒劃破的。後來，魯班又看到一條大蝗蟲在啃吃葉子，兩顆大板牙非常鋒利，一開一合間就吃下一大片。他發現蝗蟲的兩顆牙齒上同樣排列著許多小細齒，這蝗蟲正是靠這些小細齒來咬斷草葉的。

這兩件事給魯班留下了極其深刻的印象，也使他受到很大啟發，陷入了深深的思考。他想，如果把砍伐木頭的工具做成鋸齒狀，不是同樣會很鋒利嗎？於是他立即下山，讓鐵匠們幫助製作帶有小鋸齒的鐵片，然後到山上試驗。魯班和徒弟各據鋸子一端，在一棵樹上拉了起來，只見他倆一來一往，不一會兒就把樹鋸斷了，又快又省力。鋸子就這樣發明了。

人生處處皆學問，許多事就像一張窗戶紙，在沒有捅破之前，你會愁眉不展，兩眼茫然。當有人告訴你答案時，你會若有所悟：「噢，原來如此！」人生需要感悟，有感悟的人生才能變得睿智，才能變得快樂而幸福，才能變得完美而無憾。

每個人的一生中都會有很多次改變自己命運的機會，是往好的方面改變，還是往壞的方面改變，完全取決於一個人對當時情形的認識，也就是說：有什麼樣的看法，往往就會有什麼樣的命運，有什麼樣的目標就會得到什麼樣的結果。一個人的態度決定著他能否走向成功與幸福。保持消極的心態，就會有消極的人生；保持積極的心態，就會有積極的人生。而要保持什麼樣的心態，完全由我們自己來決定。

一個人具備的天賦和悟性，不在於他（她）年老或年少，而是在於他（她）對事物提出的見解。悟性越好的人，創造性越強，其理解能力也就越強。由此可知，悟性就是我們每個人的深層次智慧。我們每個人都有悟性、靈感和才華，重要的是，我們應該發現它、珍惜它，這樣它才會爲我們的人生綻放光華。

4 善於傾聽別人的意見

以切磋之誼取友，則學問日精。以慎重之行利生，則道風日遠。

——弘一法師

一個人的智慧是有限的，對事物的認識也會受到局限性的影響，古人云，「智者千慮，必有一失」，「當局者迷，旁觀者清」。再深思熟慮的人，都難免有疏漏和不周到之處。我們對發生在自己身上的事情並不一定很清楚，但旁邊的人卻看得很明白。然而有些人總是盲目自信，一聽到反對意見，輕則臉紅脖子粗，怒目相向，重則拍案而起，反唇相譏，甚至拳腳相加。人最容易犯的錯誤，就是過於相信自我，聽不進別人的意見。

弘一法師認爲：「剛愎自用、妄自尊大、聽不進別人意見的人，會阻礙自己進一步發展。只有不斷地從他人的見解中吸取合理的有益的成分，來彌補自己的不足，才能減少失誤，取得成績。所以，善於傾聽別人的意見，是每一個有志成功的人必須具備的品格。」

鷹王和鷹后發現了一片茂密的森林，牠們非常高興，打算在這裏定居下來。牠們挑選了一棵枝繁葉茂的楓樹，在最上面的一根樹枝上築巢，準備夏天到來時在此孵養後代。

附近的一隻鼴鼠聽到這個消息後，大著膽子向鷹王提出警告：「這棵楓樹一點都不安全，你瞧！它的根幾乎全腐爛了，隨時都有倒掉的危險。你們最好不要在這兒安家。」

鷹王根本聽不進鼴鼠的勸告，對著牠大喊：「哈哈，真是怪事！你是什麼東西，竟然膽敢來干涉我的事情？我們老鷹難道還需要你小小的鼴鼠提醒嗎？你們整天躲在洞裏，怎麼能有我們老鷹這樣銳利的眼睛！」

鷹王和鷹后馬上就開始忙活起來。巢穴築成那天，牠們立刻就把全家搬了進去。沒過多久，窩裏就多出了幾隻可愛的小傢伙。

一天早晨，一陣大風吹來，那棵楓樹搖晃了幾下，轟然倒掉了，外出打獵的鷹王帶著豐盛的早餐飛回家來時，發現牠的兒女們都已經摔死了。

鷹王悲痛不已，牠放聲大哭道：「我多麼愚蠢啊！我把最好的忠告當成了耳邊風，所以命運就給予我這樣嚴厲的懲罰，我從來沒有想到，一隻鼴鼠的警告竟會是這樣準確，真是怪事！」

謙恭的鼴鼠答說：「輕視別人的忠告是不明智的，你如果能仔細想一想就能明白，我本來就在地底下打洞，和樹根十分接近，樹根是好是壞，有誰比我知道得更清楚呢?」

不要總認爲自己高高在上,無所不能,更不能目空一切,聽不進去別人的忠告。即使你有統籌全局的雄才大略,別人只能做一些微不足道的小事,但尺有所短,寸有所長,一個人再有能力,也有失策的時候,虛心聽取別人的意見,永遠不會錯。

勇於承認錯誤,主動接受批評,不斷追求進步,多聽取他人的意見和建議,接受「良師」的指點,事後認真反省,努力改變自己。只有這樣,才能培養自省的態度和勇氣,才能在不斷地反思中重新認識自己,從而尋求進步和奮發向上的動力。

美國總統羅斯福是一個非常有智慧的人,當他去打獵的時候,他會請教一位獵人,而不是去請教身邊的政治家。當然,當他討論政治問題的時候,他也絕不會去和獵人商議。

有一次他外出打獵,和他一起的是一個牧場工頭。羅斯福看見前面來了一群野鴨,便追過去,舉槍準備射擊。但這時那個工頭卻看見不遠的地方還躲著一頭獅子,他忙舉手示意羅斯福不要動,羅斯福眼看野鴨快要到手,於是對他的示意沒有理睬。結果,獅子聽到槍聲後跳了出來,逃到別處去了。等到羅斯福瞧見,再趕緊把他的槍口移向獅子時,已經來不及開槍了,他只好眼睜睜地看著獅子逃跑。牧場工頭瞪著眼睛,向他大發脾氣,罵他是個傻瓜、冒失鬼,最後還說:

「當我舉手示意的時候，就是叫你不要動，你連這點規矩也不懂嗎？」

面對牧場工頭的責罵，羅斯福竟然「逆來順受」，並且以後打獵時也毫不懷疑地處處對他服從，好像小學生對待老師一般。他深知，在打獵問題上，對方確實高他一籌，因此，對方的指教於他確是有益處的。

古語說得好：兼聽則明，偏聽則暗。聽取別人意見，請教別人時，不能只在乎對方的身份地位，要做到對事不對人，只要是好的意見，我們都要虛心接受。如果唐太宗沒有聽取魏徵的諫言，對自己進行批評，怎麼可能出現「貞觀之治」的繁盛景象；如果達文西沒有聽取老師的批評和建議，怎麼可能成爲世界著名畫家……可見，我們要注意聽取他人的意見，這樣才能使自己立於不敗之地。

當然，聽取別人的意見並不代表不相信自己。相信自己是成功的前提，而聽取別人的意見是走向成功必不可少的條件。一個人如果能經常聽取別人的意見，會使自己增長很多的見識，讓自己少走很多的彎路，從而贏得更多的時間去追求完美，更好地走向成功。

5 盡信書，則不如無書

非學無以致疑，非問無以廣識。好學而不勤問，非真能好學者也。思與學，始終相輔而行。

——弘一法師

讀書需要有質疑精神，就如孟子所說的「盡信書，則不如無書」。孟子的話，就是告誡我們不要迷信書本，對於書中所言，不僅不要輕信，還要多問幾個爲什麼，自己要進行一番仔細的甄別和思考。

讀書做學問，怕的不是有疑難，而是終日讀書卻沒有疑問。書上說什麼就信什麼，這樣的人是不會有進步的；對書中所說即使有疑問，卻不懂裝懂，也是無法進步的。知識並不等同於智慧，要真正使自己成爲有智慧的人，必須學會思考。現實中的「書呆子」只因書讀多了，思維能力漸漸喪失，結果只知按照書本辦事，自然就成了呆子。

所以，書讀得太多，如果不用思維消化，的確不是一件好事。如果思維退化，非但不能使我們聰明，而且還會讓我們變得更加愚蠢。所以，在開卷而讀後，更要掩卷而思。

清朝學者戴震指出：「學者當不以人蔽己，不以己自蔽。」意思是說，讀書人頭腦要清醒，不要讓別人的觀點蒙蔽住自己的思想，當然也別自己矇騙了自己。戴震後來能成為一代宗師，皆因他在童年時期就表現出這樣一種本能。

據說戴震十歲時，老師教他讀《大學章句》。讀到一個地方，他問老師：「怎麼知道這是孔子所說、曾子轉述的？又怎麼知道這是曾子的意思而被其門人記錄下來的呢？」老師說：「前輩大師朱熹在注釋中就是這樣講的。」戴震卻說：「朱熹是南宋人，而孔子、曾子是東周人，中間相隔約一千多年，那麼朱熹是如何知道這些細節的呢？」老師無言以對。

這也恰如梁啓超在《清代學術概論》中所言：「蓋無論何人之言，決不肯漫然置信，必求其所以然之故。」古人曾這樣總結：「讀書貴能疑，疑乃可以啓信。讀書在有漸，漸乃克底有成。」

沒有懷疑就沒有超越，沒有懷疑就沒有創造。懷疑是一種基本的讀書態度，也是一種勇敢的讀書精神。讀書時，要對書中的知識敢於懷疑，認真分析，這樣才既能進入書中，又能跳出書外；既不盲目信古，也不輕信新學說。尤其是不能人云亦云，要學會批判揚棄。

數學家華羅庚在休息之餘愛讀唐詩。他不光是讀，還常提出疑問。唐朝詩人盧綸有一首《塞下曲》：「月黑雁飛高，單于夜遁逃。欲將輕騎逐，大雪滿弓刀。」他讀這首詩時，心中覺得納悶：群雁在北方下大雪時早已南歸了，即使偶有飛雁，月黑又如何看得清呢？於是就作五言詩質疑：「北方大雪時，雁群早南歸。月黑天高處，怎得見雁飛！」此詩一發表，立刻被許多報刊轉載。

過了不久，又有一些人提出反質疑。他們認為盧綸的詩是對的，而華羅庚的質疑是錯的。理由是：唐朝時，許多邊塞詩人都寫過大雪天有飛雁的詩句。如高適寫的「千里黃雲白日曛，北風吹雁雪紛紛。」少頎寫的「野雲萬里無城廓，雨雪紛紛連大漠。大雁哀鳴夜夜飛，胡兒眼淚雙雙落。」這樣的反質疑有根有據，也頗能使人信服。

古往今來，有人埋頭死讀書，熬白了頭髮，卻毫無建樹。但也有人讀書有疑甚至主動質疑，深入研究，終於獲得成功。宋代著名學者陸九淵曾說：「爲學患無疑，疑則進。」讀書既要有大膽懷疑的精神，又要有尋根究底的勇氣和意志，更要有科學認真嚴謹踏實的態度。如此才能真有收穫。那種食而不化，只讀書不求甚解的做法，瀟灑是瀟灑，只怕未必能令學問有所長進。

清代著名戲曲理論家李漁，兒時讀《孟子》中的一句「自反而不縮，雖褐寬博，吾不惴焉」，再看朱熹的注釋：「褐，賤者之服，寬博，寬大之衣。」

李漁十分納悶，因為他自小生長在南方，所見的「衣褐者」多是富貴之人。於是，他向老師質疑：「褐是貴人所穿，為何說是窮人的衣服呢？既然是窮人的衣服，那就當處處節約布料及人力，卻為何不裁成窄小的反而卻如此寬大呢？」老師默然不答。李漁一再追問，老師只是顧左右而言他。

李漁頗感失望，疑問因此數十年未解，直到後來他遠遊塞外，才終於揭開謎底。原來塞外天寒地凍，牧民自織牛羊毛以為衣，皆粗而不密，其形似毯，所以「人人皆褐」。可是牧民為什麼不知節約物力人力，一律穿那「寬則倍身，長復掃地」的「毯」式服呢？原來這種服裝是日當藍衫夜當被，「日則披之服，是夜用以為衾，非寬不能周其身，非衣不能盡覆其足。」

明人陳獻章說：「前輩謂學者有疑，小疑則小進。疑者，覺悟之機也。」葉聖陶先生也說過：「教任何功課，最終的目的都在於達到不需要教，自能讀書，不待老師講。」疑能增進興趣。讀書如能以疑見讀，其味無窮。大科學家愛因斯坦一生對讀書興趣十足，其中最重要的原因就是他總是帶著疑問讀書。疑，常常是獲得真知的先導，是打開知識寶庫的鑰匙。

著名科學家李四光有句明言：「不懷疑不能見真理。」一般來說，大膽見疑與科學釋疑往往是連在一起的，問題是在懷疑中提出的，又必然會在深入研究中解決，而問題的解決，便是獲得真知灼見的開始。

讀書貴有疑。可貴之處，就是解放思想，獨立思考，敢於大膽地探索和追求。但提倡讀書有疑，並非是不從客觀實際出發，違背科學原理胡猜亂疑，而是要疑得正確，疑得有長進，還要善於疑。否則，當疑時不疑，不當疑時又亂疑，那非但得不到任何知識和長進，還會把思想引上歪路，這不是我們應有的學習態度。

6 善於利用他人的智慧

他山之石，應為良師益友。

——弘一法師

《韓非子》中有云：「上君盡人之智，中君盡人之力，下君盡己之能。」那些善於接納別人智慧的人，往往能夠集眾人智慧於己身，成就常人無法成就的事業。

劉邦曾經說過一句話，「夫運籌帷幄之中，決勝於千里之外，吾不如子房；鎮國家，撫百姓，給饋餉，不絕糧油，吾不如蕭何；連百萬之軍，戰必勝，攻必取，吾不如韓信。三者皆人傑，吾能用之，此吾所以取天下也。」

三國時期的劉備，智謀比不上諸葛亮，勇猛比不上關羽、張飛、趙雲、黃忠、馬超五虎將，可他卻能借用他們的智慧和才幹幫自己建立功業。

相傳，佛祖釋迦牟尼問他的弟子：「一滴水怎樣才能不乾涸？」弟子答不上來，釋迦牟尼說：「只要把它放到大海中去就可以了。」

弘一法師說：「一個人，不管他有多大能量，他的智慧和才能都是有限的。唯有借助他人的能力和智慧為我所用，廣采博集，取長補短，讓每一個人都發揮才智，集體的智慧和力量就會無窮無盡。而借助別人的智慧來解決問題，往往能夠收到事半功倍的效果。」

一個奸臣發動了政變，並且奪取了王位，成為了國君。後來，有七個反對他的諸侯聯合推翻了這個發動政變的奸臣。

政變平息後，就要選出新的國君，因為以前的國君沒有繼承人，所以這個國家的臣民們決定，在這七個諸侯中選出一個來當國君。

但是這七個人功績相當，能力和聲望也差不多，大家都不知道到底該選擇誰。最後，他們商定第二天一早大家到一處樹林見面，誰的馬第一個嘶鳴，誰就是新的國君。

其中有一個人，他很想當國君，可是又想不出什麼好辦法，於是就去請教他的馬夫。

馬夫說：「這個好辦，先在小樹林裏拴一匹漂亮的母馬，然後你騎自己的公馬去赴約，公馬見了母馬，就會變得興奮起來。」

第二天，這人依計行事，公馬一聞到母馬的氣味，果然興奮地大聲嘶鳴。於是，他如願以償地當上了國君。

正所謂「智者千慮，必有一失；愚者千慮，亦有一得。」一個人無論怎樣博聞強記，所能擁有的知識總是有限，所以聰明人在學習知識和本領時都會有所側重。也許對你來說很陌生很難做到的事情，別人卻是司空見慣，輕而易舉就可以做到。

所以個人也好，集體也罷，不要因爲別人的能力比你強就去嫉妒他、排擠他，而應懂得借助他人的力量與智慧，爲我所用。當我們遇到難事的時候，不僅要靠自己絞盡腦汁、冥思苦想，還要懂得不恥下問、集思廣益，這樣既能解放自己，也能獲得令人滿意的結果。

身爲一個領導者，可能受局限於各自的閱歷和眼力，不是每個人都能成爲伯樂。也許我們不能一眼就看出誰是賢才，誰是庸才。但是我們一定要有魄力，當你認定了一個人有才華後，就不能被一些細枝末節所左右。選拔人才的條條框框越多，你所能選到的人才就越少。即使選中一個中規中矩的人，最後也未必會成什麼大事。

很多人總是一邊感歎著人才難求，一邊卻毫不猶豫地將大把的人才拒之門外。

我們看看劉邦手底下都是些什麼人吧：韓信曾是「混子」，樊噲是狗屠，彭越是強盜，周勃是吹鼓手，灌嬰是布販。就是這些人，劉邦委以重任，最後靠著這些人成就了帝王霸業。

武則天是用人唯賢的君王，在她執政期間，想出了很多辦法來發掘人才，除了正常的科舉考試以外，她還鼓勵地方官員推薦和自薦。在這一過程中，不管是何門第出身，只要有才能都可以自薦。為了選拔出真正的人才，她還親自主持人才的選拔。我們今天所熟知的科舉考試的最後一關「殿試」，就是由她所創。

同時，她還一改以往只選拔文人的弊病，開設武舉科，鼓勵習武之人參加，以選拔能征善戰的將士。武則天一朝，人才濟濟，李良嗣、狄仁傑、姚崇等人都是經武則天破格提拔，才凸顯出來的能臣。

在這個世界上，的確沒有誰可以做到「十八般武藝樣樣精通」。雖然我們憑個人的努力不能成爲「全才」，但是卻可以讓他人的智慧爲己所用，以成就個人的事業。遍數歷朝歷代的賢君名將，往往都是通過充分利用部下的智慧和潛能來成就自己的事業的。

俗話說：三個臭皮匠，賽過諸葛亮。一人計短，兩人計長。善於利用他人的智慧，是步入成功殿堂的最堅實的基石。

【第五課】

懷著敬畏之心，和自己相處

只有我們自己充分安靜下來了，
才有可能來面對一個最完整的自己，
認清自己、剖析自己、
審查自己的真正意向、真實欲望。

1 學會適當地獨處

時當喧雜，則平日所記憶者皆漫然忘去；境在清寧，則夙昔所遺忘者又恍爾現前。可見靜躁稍分，昏明頓異也。

——弘一法師

佛家提倡慎獨。《中庸》裏也如此寫道：「能爲一者，然後能爲君子，慎其獨也。」《中庸》所言的慎獨，是主張君子要將「仁義禮智信」統一於內心。

「故君子慎其獨也」指的便是：當人們一個人獨居時，因爲暫時遠離了公眾的輿論壓力，聽不到外界的批評聲音，自己內心的道德品質可能會受到挑戰，一些品性不好的人可能會偏離道德規範的約束，想平日不敢想，做平日不敢做的事情來。然而君子在獨處時，卻能更加約束自己的行爲，思想也更爲謹慎，是一絲不苟的作爲。

《辭海》中對慎獨也有所解釋：「認爲一個人在獨處時，其行爲也應當謹慎不苟，不要鬆懈。」而《大學》中對於慎獨的解釋是：「誠於中，形於外。」

中國從古至今有很多人領悟了慎獨的含義，人們對於慎獨之所以推崇，是因爲慎獨的境界能讓人更加精進。一個人若能做到「出淤泥而不染，濯清漣而不妖」，遇到艱險之事不恐慌，處於亂世而不驚，待人以誠，德行於心，就達到了一種清淨自我的境界。

今天，我們之所以要進行「慎獨」的修煉，是希望人們在群體生活的沉溺和喧鬧中能夠開闢一片自己的淨土，時刻保持清醒。

弘一法師也是由此開示世人：「雖然獨處時我們身處於大家看不到的地方，但也應當謹慎檢點，心懷戒尺，不敢怠惰。有時候幽暗的事端不知不覺在人們心中產生，自己的心裏已顯著體察到了，這時就應該果斷地剔除它。細微的腐爛可能大家都不曾察覺，只有借助於自己內心的力量，才能阻止它越長越大。」

弘一法師認爲，體會慎獨，說難不難，說簡單卻也不簡單。我們修煉慎獨功夫的第一步，是要將自己置於孤獨之中，使自己耐得住寂寞，耐得住沉思，而不去尋找浮躁的消遣或娛樂。

只有我們自己充分安靜下來了，才有可能來面對一個最完整的自己，認清自己、剖析自己、審查自己的真正意向、真實欲望。做到第一步之後，可進行第二步，便是用自我規範來實現自我約束，在安靜的情境中約束自己的思想與行爲，這種約束不是爲了任何外在的目的，只是爲了自己的人格尊嚴、品德修養，不可摻雜半分虛僞。

一個人越是不同凡俗就越偉大，也越孤獨。孤獨使他更加深刻、明智地觀察生活的高度。

也許是因爲我們人類的孕育過程是孤獨的，要獨自在母體中進行預演，而不像群生的浮游生物那樣，從生命形成的一剎那，就生活在一個群體中，處於一種「社會化」的狀態。因此，伴隨我們人生的，除了「社會」之外還有孤獨。

這種深層次的孤獨鞭策著我們在生活中要有適當「孤獨」，一個人獨處。

適當地獨處，對我們的人生，不僅沒有壞處，而且對於涵養一個人的沉思氣質，培養一個人獨立思考的能力與習慣都有很大的好處。

人是社會性的人，需要在一定的社會裏才能健康成長。但不知道你是否留意，嬰幼兒是很喜歡一個人玩耍的，即使有家長或別的孩子在場，他也很少顧及。這或許是孩子對於在母體中獨處的一種記憶吧！老人不喜歡孤獨，但卻喜歡獨處，像是對母體中獨處的一種美好回憶。在生命的起點和終點，我們都表現出一種生命原本的色彩。這不能不說是一種很有趣的現象。

我們之所以說要「適當地孤獨」，爲的是與諸如幼年喪母、中年喪妻、老年喪子以及由於各種各樣的原因而被拋出人群的煢煢孑立的孤獨相區別，後一種孤獨對人生只有壞處，絕無益處。

適當的孤獨，是人生某種獨特價值的秘密陣地，是容納難以擺脫的情感的舞臺。這種孤獨，是在煩瑣的世界中尋找簡練，在鬧市中尋找靜區，在世俗的衝擊中尋找脫俗，在違心的隨俗中尋找自潔，在不平的人生遭際中尋找平靜。可以說，適當的孤獨是我們人生的一種修煉。

適當地獨處，不是要陷入某種所謂的境界中無力自拔。無力自拔不是一種人生境界，而是對人類理性的棄絕，對「紅塵」的厭惡。適當的孤獨，是對人生愛極的表現，是推動人類文明、修煉人生的一種內驅力。

試想一下，在勞碌了一段時間後，避開紛雜的人事，在某個安靜祥和的環境中，一個人靜靜地待著，什麼都可以想，什麼也可以不想。不想說的話不說，不想做的事不做，不想見的人不見。沒有人世間的爾虞我詐，只有一個人的世界。這，不就是一種境界嗎？

在你適當獨處的這段時間裏，你可以好好審視一下你過去的人生，也可以好好設計一下你未來的人生。你可以想想在自己過去的人生中，哪些人、事、物給你留下了美好的感情，又有哪些人、事、物使你不堪回首。你也可以像世間所有的傑出人物一樣，熱情奔騰地面對生活，同時又與自己的心靈悄悄對話。

當然，你不要忘記，「適當地獨處」的目的不是爲了遠離人間。恰恰相反，獨處是爲了更好地同世間的人同歌共舞，是爲了在人間更高地騰飛。

所以，如果你想更客觀、更真實地觀覽人世，審視自我，爲你人生的再度昇華提供動力，那麼你可以暫時地拉開一段與「塵世」的距離，去適當地獨處一陣。之後，你會發現自己飛得更高了！

多一份敬畏之心，享受寂寞，慎獨帶給我們的是能受用一生的財富。

2 獨處時，行為更應當謹慎

吾等凡有所作所為，起念動心，佛菩薩乃至諸鬼神等，無不盡知盡見。若時時作如是想，自不敢胡作非為。

——弘一法師

弘一法師主張：「一個人在孤獨時應多思考，多沉澱內在宇宙，從內心中不斷審視自己在環境中的處境，剖析個人與他人之間的關係，分辨是非對錯，獲悉黑白的細微差別。」

曾經有一位虔誠的女施主，每天虔誠禮佛。

每天清晨，她都從自家的花園裏採擷鮮花送到寺院，供奉佛祖，以表誠心。

這天，當女施主把花送到了佛堂時，正好遇到禪師從裏面走出來。禪師見到她十分欣喜，便道：「女施主每天都這麼虔誠，以鮮花供佛，根據佛家經典記載，那些經常用鮮花供佛的人，來世將會得到莊嚴相貌的福報。」

女施主聽到這話非常高興，她說：「禪師，這是我應該做的，因為每當我來這裏禮佛時，感覺到心靈像經過了一次洗滌，能得到平靜。可惜等我回到家裏後，我的心就又感覺到煩亂。禪師，我是一個家庭主婦，每天過的日子很簡單，但總有許多煩心事，請您指點我，如何才能在喧囂的塵世中仍舊保持一顆清淨純潔的心呢？」

禪師不答反問道：「女施主，你每日用鮮花供佛，對花草想必有一些深刻的認識，請問你平日是怎麼保持花朵新鮮的呢？」

女施主回答說：「如果想保持花朵新鮮的話，就要每天給它們換水，還要在換水時把花梗剪掉一截。因為如果不把腐爛的花梗剪掉，花朵就無法輕易地吸收水分，這樣一來，花朵就會很容易凋謝。」

禪師點點頭笑著說：「女施主不正是明白答案的麼？時常保持一顆清淨純潔的心，與鮮花要保持新鮮的道理其實是一樣的。我們所處的環境就像那瓶裏的水，而我們就是瓶子裏的花，只要每日不停地淨化我們的身心，不斷地自我反省、懺悔、檢討並改掉身上腐朽的陋習與缺點，使我們的氣質發生改變，自然就能一直吸收到大自然中的養分，保持內心的清淨與純潔了。」

女施主聽後頓時感悟，道：「原來如此，答案竟在我的身邊！多謝禪師的開示，希望以後能有機會更加親近禪師，感受晨鐘暮鼓與菩提梵歌的清淨！」

禪師微笑著說：「女施主，你的呼吸便是梵歌，脈搏跳動就是晨鐘暮鼓，身體就是像寺宇一樣。如若你的兩耳可成菩提，那便是無處不寧靜，無處不純潔，又何必在寺宇中居住生活？」

真正懂得修行的人，無論在何時何地，只要深諳慎獨之道，就能隨時掃除心中塵埃。如果能做到這點，那便是無處不是禪，無處不是佛，無處不是清淨祥和。尤其當我們獨處時，更加需要謹慎，保持一顆寧靜的心，並且善於自省，去除心中污垢，就像剪掉花梗腐爛的部分一樣，保持內心的整潔安詳。

體味慎獨的妙處，不一定要參禪打坐，也不一定要吃齋念佛，更沒有群居或獨處的要求。只要我們能在審視內心時，始終保持心中的「誠」，認真對待每件小事，「莫見乎隱，莫顯乎微」，勿以善小而不爲，勿以惡小而爲之，讓從容像流水一樣在心口靜靜存在，便是獲得了慎獨的功德。

幽獨之時心靜如水，方能體味與世無爭的好處。在歷練了慎獨之後，面對再大的困難也能從容面對，能夠找到自己人生的方向，好好地守住自己心中的「道」，使德可以順行於心，而非逆行於表。

能夠抵達慎獨境界的人，不會追求時時彰顯自我的人生，他們嚮往的是波瀾不驚的生活，才能夠真正領悟到「誠無垢，思無辱」的快樂。

3 自淨其心，才能驅除靈魂的孤獨

自淨其心，有若光風霽月。
——弘一法師

弘一法師說：「我們要把孤獨感當作是心靈深處盛開的罌粟，讓你和自己的靈魂對飲。如果你懂得愛自己，善待自己，別人就容易看到你的魅力，也會稱讚你，你自然就能從這些讚揚中得到更多的自信，也會活得越發光彩，從而保持對生活的熱情，這是種良性循環。」

的確，有時候一大幫人在一起打打鬧鬧，孤獨感卻比一個人的時候還要強烈。因爲你與周圍的人格格不入，無法進入那種熱烈的氣氛裏面，在這種熱烈氣氛的映襯下，你會覺得自己更加孤獨。而一個人的時候，可以海闊天空地遐想，反而沒怎麼覺得孤獨。

可見，呼朋喚友，置身於喧囂的人際交往中，並不是驅除孤獨的方法。

唯一的方法是哲學家說的「真正愛自己，依靠自己的力量。」

我們只有憑藉自身的韌性和生命力去戰勝經常駕臨的孤獨感。能和自己做朋友，才是自由的勝利。這個朋友永遠在你身邊，無論你落魄，還是發達，開心，還是難過，他都在你身邊，鞭策你、激勵你、安慰你。

有人曾問斯多葛學派的創始人芝諾：「誰是你的朋友？」他說：「另一個自我。」

人生在世，不能沒有朋友。但在所有的朋友中，我們最不能忽略的一個朋友是自己。能不能和自己做朋友，關鍵在於你有沒有義大利哲學家芝諾所說的「另一個自我」。這「另一個自我」，實際上就是一個更高的自我，同等重要的是你對這個自我的態度。有些人不愛自己，常常自怨自歎，待自己如同仇人；有的人愛自己而缺乏理性，過分自戀，待自己如同情人。在這兩種情況下，另一個自我都是缺席的。

成爲自己的朋友，這是人生很高的成就。古羅馬哲人塞涅卡說：「這樣的人一定是全人類的朋友。」法國作家蒙田說：「這比攻城治國更了不起。」

和自己做朋友，就要真正愛自己。

法國版《ELLE》曾經做過一項調查——「假如我們對你的戀人或丈夫做一次採訪，那你最想從他們的嘴裏知道些什麼？」被調查者都不約而同地回答：「他還愛我嗎？」

他還愛我嗎？這就是多數人想從戀人那裏得到的答案，其中女性占多數。而我們想問的問題卻是：「你還愛自己麼？」

也許你會說，誰不愛自己呢？是的，沒有誰不愛自己，但真正是不是、會不會愛自己，卻是另一個問題。比如說，你每天真正預留了多少專屬自己的時光，沒有動機，沒有功利，沒有交換，只是讓自己充分自在地舒展開來，感受著自己，感知到自己？然後才知道，如何才是真正愛自己。

在更多的時間裏，你恐怕都忙於應付各種需要：爲家庭，爲工作，爲孩子……即使在一人獨處不需要應酬別人時，你是不是也常會忘記要應酬自己？是不是依然在行爲上或者腦子裏慣性地應酬著這個或那個，或者自覺在鞭策自己，去充電，惡補情商或者管理經？

這些都不是真正愛自己的表現，都不能真正地滋養自己。愛自己，不是以物質「賄賂」自己——一擲千金並不見得是犒賞了自己。也不是拿成就激勵自己——成功也不見得能餵飽你。當然更不是以別人的眼光或者標準苛求自己，別人都滿意時，你自己其實並不一定能夠滿意。

愛自己就是對自己的欣賞和喜歡，因爲在這個世界上你是獨一無二的。

愛自己，並不是盲目自戀，而是能夠認識到自己的缺點，坦然地接受自己的一切，不管是優點還是缺點。真心愛自己的人懂得快樂的秘密不在於獲得更多，而是珍惜所擁有的一切。你會覺得自己是那樣地受命運的恩寵，是那樣幸福地生活在這個世界。這是一份難得的樂觀心境，更是快樂的始點。具有這樣的心境的女人，無論是對生活、環境，還是對周圍的親人、朋友，都會自然流露出一股喜悅之情，感動自己，也影響他人。

愛自己，和另一個自我做朋友，你才能真正遠離孤獨。

當然，這不是推崇我們去壘一道牆，躲在裏面，拒絕關心與問候，而是要你學會和內心的另一個自我相處。這樣，你就能成長爲一棵獨立的大樹，而不是纏繞在別人身上依賴別人營養的藤蔓。大樹的枝葉可以在空中恣意搖曳、伸展，沒有固定的姿態，卻有一種從容，一種得心應手的自信。

哲學家尼采在《查拉圖斯特拉如是說》中說：「你在內心深處很清楚，即使你身在人群之中，你也是跟一群陌生人在一起。對你自己來說你也是個陌生人。」如果你和自己都是陌生人，即使朋友遍天下，也只是熱鬧而已，你的內心仍然是孤獨的。

4 積攢特立獨行的本錢

人情應酬可省則省，不必遷就勉強敷衍。

——弘一法師

一隻老貓見到一隻小貓在追逐自己的尾巴，便問：「你為什麼要追自己的尾巴呢？」

小貓答：「我聽說，對於一隻貓來說，最為美好的幸福就是自己的尾巴。所以，我在追逐它，一旦我捉住了我的尾巴，便將得到幸福。」

老貓說：「我的孩子，我也曾考慮過宇宙間的各種問題，我也曾認為幸福就是我們的尾巴。但是，我現在發現，每當我追逐自己的尾巴時，它總是一躲再躲，而當我著手做自己的事情時，它卻總是形影不離地伴隨著我。」

同樣的道理，如果你希望得到理解，最爲有效的辦法恰恰是不去渴望、不去追求，不要求每個人都理解你。只要你相信自己，並且以積極的自我形象爲指南，你便可以得到許許多多的理解。

弘一法師主張，人情應酬可省則省，不必遷就勉強敷衍。他說：「一個人不可能事事都能得到每個人的理解和贊許，如果你認識到自己的價值，在得不到理解和贊許時便不會感到沮喪。你將把反對意見視爲一種自然現實，因爲生活在這個世界上的每一個人都對世事有自己的看法。」

可見，對所有人來說，正確評價自己、接受自己至關重要。它關係到建立正確的自我觀念，適應環境，促使性格健康發展。接受自己，去除自卑感，是精神健康的重要保證。

那麼，怎樣才能增進自我接受感呢？

首先，要克服完美主義。

體驗自己不可能做到十全十美，因爲這世界並不完美。家人、友人一樣有缺點，十全十美是可遇而不可求的，所以要知足常樂。

要容忍體諒，不但要做到與他人相處容易，亦要做到對自己的行爲不致苛求。不要做時鐘的奴隸，盡可能地在限定的時間內完成工作，記住「欲速則不達」。要明白討好所有的人是不可能的，根本不必去嘗試。「受歡迎」的本意是讓他人賞識你的本人，而不是你的最好表現。

嘗試一下「言所欲言」，坦誠和直率能消除許多障礙與心理壓力。要對自己有信心，因爲你和任何人一樣有可取之處。也不必過分自責，因爲任何人都有彷徨的時刻。更不必爲

「愛」與「恨」過分擔心，自悲自憐，因爲你的遭遇並不重要，重要的是你對遭遇的反應。

其二，要做到真正瞭解自己。

自知者明，自勝者勇。你可以通過比較法——與同齡、同樣條件的別人相比較；觀察法——看別人對自己的態度；分析法——剖析自己，瞭解自己的工作成果等來認識和瞭解自己。

其三，要樹立符合自身情況的奮鬥目標。

這樣會使你有機會充分發揮自己的才智，付出努力而得到的勝利能增加你的自信心。

其四，要不斷擴大自己的生活經驗。

每個人都要經歷適應環境的過程。在這一過程中你也許發揮了才幹，也許暴露了缺陷。這沒關係，正反兩方面的經驗都將促進你對自己的瞭解。

最重要的，是誠實坦率、平心靜氣地分析自己。要有勇氣承認自己在能力或品質上的缺陷，肯定自己的長處，揚長避短。

真正的富有並不單指物質富有，還包括精神富有。物質的富有只是滿足了人的需求的欲望，而精神富有讓人感到生活更充實、快樂，這樣的人生更有意義。一個人最珍貴的財產就是「對自我的尊敬」。只要能保持這份自我尊敬，你就能保持完美生活所必需的諸種要素：擁有朋友，受人崇拜，以及被人接納。

其實這些精神財富，每個人都是可以擁有的，每個人都能讓自己富有起來，自己在其中要充當主人的角色。

5 培養自我反省的習慣

須常常自行省察，所有一言一動為善歟？為惡歟？若為惡者，即當痛改。除時時注意改過之外，又云每日臨睡時，再將一日所行之事，詳細思之。能每日寫錄日記尤善。

——弘一法師

現代人多了一份自信心，卻少了一種「自省」的精神。

很多人喜歡得到他人的稱讚誇獎，卻鮮少去進行自我反省。在我們上學之時，老師可能經常教誨，「每天反省自己」。這確實是一句頗有價值之言，如果能好好照著去做，一定受益匪淺。

弘一法師說：「所謂『反省』，就是反過身來省察自己，檢討自己的言行，看自己犯了哪些錯誤，看有沒有需要改進的地方。」

人爲什麼要自省？這裏有兩個方面的原因。其中一個是主觀原因，人都不可能十全十美，總有個性上的缺陷、智慧上的不足，而年輕人更缺乏社會歷練，因此就更需要你自己通過反省來瞭解自己的所作所為。

世界著名的潛能開發專家安東尼．羅賓曾經說：「假如你每月給自己一次檢討的機會，你一年就有十二次修正錯誤的機會；假如你每天檢討一次的話，你一年就有三百六十五次檢討的機會；假如你每天早晚各檢討一次，你一年就有七百多次修正的機會。各位，你的成功概率多了百分之七百以上。」人生最大的敵人是自己，只有時時檢討自己，彌補缺點、糾正過錯，才能瞭解何事可為、何事不可為，才能在這其中找到生活的真諦。

發明電燈的愛迪生，失敗了一千多次，最後獲得成功。記者問愛迪生：「你都失敗了一千多次，怎麼還在努力？」他說：「我不是失敗了一千多次，而是成功了一千多次，每一次你們認為是失敗，我認為是成功。」

愛迪生正是把每一次失敗都記在了事業天平中成功的砝碼上，一次一次逐漸增大了成功的概率，才最終走向了成功。俗話說，成績不講跑不了，問題不講不得了。在工作生活中，每一次總結回顧，沒有什麼比查找不足和問題更重要了。

孔子曰：「吾日三省吾身。」如果你覺得一天三省沒有時間，那麼一天一次，二天一次也可以，只要記得能夠時時反省就行了。

那你每天應該反省些什麼呢？

人際關係上——

要反省今天有沒有做過什麼對自己人際關係不利的事？你今天與人爭論，是否也有自己不對的地方？你是否說過不得體的話？某人對你不友善是否還有別的原因？

做事的方法上——

要反省你今天所做的事情，處事是否得當，怎樣做才會更好……

生命的進程上——

要反省自己至今做了些什麼事？有無進步？是否在浪費時間？目標完成了多少？

如果你堅持從這三個方面反省自己，一定可以糾正自己的行爲，把握行動的方向，並保證自己不斷進步。

每個人反省的方法各異。有人主張寫日記，有人則認爲靜坐冥想爲佳。不管你採用什麼樣的方式，只要真正有效就行。自省也不能流於形式，每日看似反省，但找不出自己的問題，甚至對錯不分，那就很値得注意。事實上，反省無時無地不可爲之，也不必拘泥於任何形式。不過，人在事務繁雜的時候很難反省，因爲情緒會影響自己反省的效果。你可在深夜獨處的時候，也就是在心境平和的時候反省——湖面平靜才能映現你的倒影，心境平和才能映現你今天所做的一切！

你有反省的習慣嗎？趁早培養吧，它能修正你做人做事的方法，爲你指引明確的方向。

6 禁止執著心

無心者公，無我者明。

——弘一法師

禪，尤其禁止執著心。

這是馬祖和尚和南嶽和尚在修行時所發生的事情。一天，南嶽和尚來拜訪馬祖和尚說：

「馬祖，你最近在做什麼？」

「我每天都在坐禪。」

「哦，原來如此。你坐禪的目的是什麼？」

「當然為了成佛呀！」

坐禪是為了審視真正的自我，而悟道成佛，這是一般人對坐禪的認識，馬祖自然也這麼認為，因此他才去坐禪。

可是，南嶽一聽到馬祖的話，竟然拿來一枚瓦片，默默地磨了起來，覺得不可思議的馬祖便開口問：「你究竟想幹什麼啊！」

南嶽平靜地回答：「你沒有看到我在磨瓦嗎？」

「你磨瓦做什麼？」

「做鏡子。」

「大師，瓦片是沒法磨成鏡子的。」

「馬祖啊，坐禪也是不能成佛的。」

南嶽和尙用瓦片不能磨成鏡子的道理來告訴馬祖，坐禪也不能成佛。這段對話的內容看似孩子氣，有點滑稽，實際上意義深遠。

如前所述，一般人都認爲坐禪是悟道成佛的唯一方法。因此在修行時，非常重視坐禪，主張徹底地去做。不過，南嶽看到馬祖天天坐禪的生活，卻予以否定的評價。爲什麼呢？

弘一法師開示說：「南嶽言外之意是想告訴馬祖，他太過於執著坐禪的形式和手段了。雖然坐禪很有意義，可是如果被坐禪束縛，心的自由就會受到制約、控制，也就無法悟道成佛了。因此，坐禪的方法雖然是禪最重視的，可一旦過分執著其中，反而需要予以否定了。」

如此這般，以禪的立場來看，執著必須全被否定，否則一旦陷入執著，就什麼東西都得不到了。

換言之，人們常常執著一些東西來過日子，可是一旦持有執著的心情，就無法真正自由地生活，也無法用客觀的想法來謀求自我實現。那麼，如果過分執著一件事，會變成什麼樣子呢？

執著心往往會使自己的視野變得狹窄。走上極端以後，就會選擇鄙視自己的方法來否定自我。

很久以前，有一位修行很深的高僧隱居在山林中。雖身居山林，他依然名聲很大，也很受人尊敬。人們都不遠千里來拜訪他，希望可以跟他學到一些生活方面的竅門。一次，高僧正從山谷裏挑水歸來。人們注意到，他挑得並不多，甚至比平常人挑得都少，兩隻木桶裏的水都遠遠沒有裝滿。可是高僧為什麼不把桶挑滿呢？

他們不解地問：「高僧，這是什麼道理？」

高僧回答：「挑水之道並不在於挑多，而在於挑得夠用。一味貪多，只會適得其反。」

眾人更加地不解了。

於是，高僧讓他們中的一個人，重新從山谷裏打了滿滿的兩桶水。

那人挑得非常吃力，搖搖晃晃，沒走幾步，就跌倒在地，水全都灑了，那人的膝蓋也摔破了。

看到這種情景，高僧說：「水灑了，不是還得再打一桶嗎？膝蓋破了，走路艱難，豈不是比剛才挑得還要少嗎？」

眾人問道：「那麼請問高僧，具體該挑多少，怎麼估計呢？」

高僧笑道：「你們看這個桶。」

眾人看去，只見桶裏畫了一條線。

高僧說：「這條線是底線，水絕對不能高於這條線，高於這條線就意味著超過了我自己的能力和需要。起初還需要畫這一條線，而挑的次數多了以後，就不用看那條線了，憑感覺就知道是多是少。這條線，就是提醒我們，凡事要盡力而為，也要量力而行，不可強爭人先。」

禪語中說：「世上本無事，庸人自擾之。」弘一法師認爲，人的一切煩惱都來自於對錯誤的事情的執著追求，是「無故尋愁覓恨」的結果。所以人必須放棄執著心，看淡、看開，退一步海闊天空。

【第六課】

待人的第一要素是涵養

別人不友善的舉止是別人的錯誤，
我們無力改變。
但是，我們可以盡力提升自己的形象和價值，
讓自己原本微弱的力量逐漸強大，
直到每個人都無法忽略我們的存在為止。

1 為什麼佛家說「吃虧是福」

度量，如海涵春育。持身，如玉潔冰清。襟懷，如光風霽月。氣概，如喬岳泰山。

——弘一法師

「吃虧是福」，很多人都知道，可是知道又不知道。知道的僅僅有這麼一個說法，不知道的是沒有去踐行與證實，從而就談不上感受與認知，更談不上成爲人生的一大信念。

弘一法師說：「吃虧是福，藏匿著天理人欲的平衡，所要揭示的是，天底下的生命因緣果報的輪迴。輪迴是一種平衡方式，一時平衡不了，就有一世的平衡，一世平衡不了，就有來世的平衡。若要將吃虧是福作爲人生信念來守持，就必須接受佛學理念的三世說，當然，對崇尚爭眼前、爭一時、爭朝夕的急功近利的急躁心態來說，這一說法是不對他們心路的。」

人生在世，沒有哪個人不吃虧，只是早晚與大小的區別，只是不同的理解與烙印罷了，同時也沒有哪個人不染指點運氣或便宜。如果說有人敢於揚言：「我還沒有吃過虧！」那麼可以肯定地說，他距離吃虧的時間不遠了，說不定就在眼前。同理，如果有人感歎：「我一生還沒有體會過什麼叫運氣或便宜。」同樣可以肯定地說，他距離運氣的時間也不遠了，說不定便宜就在眼前。這就是天理人欲之間的平衡。

許多人根本不敢相信在吃虧後面藏匿著福，事實上也並不是所有虧的後面都藏匿著福報。

虧有許多類型。

其一，在正規的博弈場面上，運不如人、技不如人只是技術和運氣之虧，顯然在虧的後面不可能藏匿著福。

其二，超出事先的心理預期的設定，認爲我該得到這樣或那樣，但結果與設想有了距離，認爲自己該得到而沒有得到，從而認定自己吃了虧，這不叫虧，只是自己的心理預期設置有問題。

世間很多虧是抵擋不住也無法控制的，不是因爲人爲的過錯所招惹，而是屬於被動性的無法無奈之虧。還有些則是主動性的虧，爲了得到或捍衛一些東西，必須接受由此所帶來的虧，這樣的虧稱之爲代價或成本，不過可以控制。

簡言之，爲了人生與生命的本真著想，一時間失掉一些身外之物，值！千萬不要計較必要的成本與代價。

而站在生命的終極視線上看，所謂看得見摸得著的東西，什麼錢財、地位和名聲，無非都是身外之物，生不帶來，死不帶走，重要的是不能虧自己的良心與良知。因爲良心、良知是人性的本質，是區別大多數動物的重要標誌。

吃虧本身或許並不重要，重要的是爲什麼而吃虧。這才是問題的關鍵，因爲它關係到吃虧是否是福的問題。

爲誠實而吃虧，爲正義而吃虧，爲善良而吃虧，都是值得承受的，因爲正大光明、善良純正、正義俠義、良心良知終究是天地之大道，爲大道而吃虧，必有福報，這既是信念也是事實。

弘一法師說：「無論是理性的考慮，還是性格的驅動，只要初衷或用意反映了天地間的大道思想，符合人性的本真原則，就不應該爲吃虧感到沮喪，無須去後悔，也無須去檢討。高尚的風韻、體驗就是這樣生成的，順著大道走，就是朝著太陽走，爲大道而吃虧是福份，福報在後頭。」

2 從做人的高度來看待吃虧

心志要苦，意趣要樂，氣度要宏，言動要謹。
——弘一法師

在代價與吃虧面前，大多數人都會困惑不解，心態失衡，在得不到解釋的時候往往就是自己不能說服自己的時候，往往要從初衷上找原因。是自己的用心錯了？如果在這個時候，修改或否定自己的初衷，在心態上就可能發生災難性的後果，即心態走向變異。

人要心甘情願地吃虧，主動吃虧，樂意吃虧，心平氣和地吃虧。

首先，要有全局觀念。

要清楚自己的定位、自己的角色、自己在流程中處於哪個階段。有了全局觀後，你的眼光就會開闊，不會因為自己所處的位置吃虧感到不平。

因此，所謂顧全大局就是要吃些虧。這次不吃虧，不顧全大局，「皮之不存，毛將焉附？」下次吃的虧會更大。

其次，要換位思考。

俗話說：「將心比心。」一些人，常與別人發生衝突，感到自己吃虧，很大一部分原因是太自我，考慮問題都以自己為中心，以自己的利益為取捨。這樣，就常常會覺得別人虧欠他的，就算是他做錯了，也會為自己找出理由，然後抱怨別人為什麼不知道這些理由，不能理解他，從而對這些委屈感同身受。

我們要懂得換位思考，多想想人家的難處，多體諒別人，多問問自己：「如果你在那個位置上，你會怎麼樣做，會做得更好嗎？」

最後一點也是最重要的一點，就是要從更高的層次考慮問題。

有這樣一個故事：

鐵路大王安德魯在小的時候，經常會有人逗他玩，扔給他一分二分的硬幣，他總是撿一分幣，而放棄二分幣。人家都笑他傻，每個人見到他都要驗證一番，對這個遊戲樂此不疲。

而安德魯悄悄地對他的好朋友說：「如果我撿二分幣，他們還會扔硬幣給我嗎？」

這是一個典型的吃小虧賺大便宜的故事。

圍棋上也有這一招：放棄一個子給對方吃，贏得下一子的先機和氣勢，把對方的一片棋子像包餃子一樣包圍起來。人的更高層次，關乎一個人的形象和品牌。

日本戰國時代，群雄逐鹿，其中織田信長氣焰最熾，最有希望統一全國。但信長有個致命的弱點，就是太精於計算現實利益，有時到了不講信義、不講道義的程度。有一次他的一個盟國受到攻擊，他的兵力也陷了進去。這時他遇到了兩難的境界：繼續支持盟國，必然損失兵力；撤手不管地撤兵，卻可以保存實力。他選擇了後者。

當時作為他屬下的豐臣秀吉就不以為然：選擇後者固然可以保存實力，不用損失兵力，但在世人的眼裏，這就是不守信用、不講信義的行為。從戰略層面考慮，以後若要統一全國，不知得要犧牲多少倍的兵力，才能重塑形象，挽回人心。

後來的情形果然如豐臣所料，一到勸其他勢力投降或結盟，人家就會說：「信長家不講信義、不守信用、不厚道、不可靠，不能以身相託付。」結果只能一座座城池、一個個地盤地苦攻苦打，消耗的兵力何止幾倍於前呀！

很多人被稱爲「有福氣」「有貴人相助」。其實是因爲他的爲人處世能吃虧、願吃虧，從而得到別人的信任和支持。所以，從這個做人高度來看待吃虧，你就會覺得，每一次吃虧都是一次人緣的投資，都是命運賜予你的機會。吃虧真正是福呀！

3 常湧慈悲心，視萬物與我一體

自古仁人志士，以儒濟世、以道修身、以佛治心，可謂是智慧通達。

——弘一法師

弘一法師在談到他對佛的理解時曾說：「最壞的人，也曾做過許多好事，而且不會永遠壞；最好的人，也曾做過許多壞事，將來也不一定會好。這絕對不是混沌處世，也不是不知好壞，而是要將我們的偏私差別之見，以一視同仁的平等觀念平復罷了！」

有一天，一個小沙彌滿懷疑慮地去問無名禪師：「禪師，您之前告訴我們說，學佛要發善心普度眾生，那如果是個十惡不赦的壞人，已經不能再把他當做普通人來看待了，我們還要度他嗎？」

禪師並沒有立刻回答小沙彌的問題，而是拿起筆在紙上寫了正反顛倒的「我」字。

「這是什麼？」禪師指著桌子上那些寫反的字問小沙彌。

「這是個我字，只是寫反了。」小沙彌恭敬地答道。

「那這個寫反的『我』字算不算字？」禪師追問。

「不算！」小沙彌肯定地回答。

「既然不算，你為什麼說它是個『我』字？」

聽禪師這麼一問，小沙彌立即改口說：「算！」

「既算是個字，你為什麼說它反了呢？」禪師繼續問。

小沙彌一下子愣住了，不知道該如何回答這個問題。

這時，禪師說：「你說它是反寫的『我』字，是因為你心裏真正認得『我』字；如果你原本不認識這個字的話，你就無法分辨這個字有沒有寫反。假如在你不認識這個字的情況下，我告訴你這個字就是『我』字，那麼你以後遇到正寫的『我』字時，倒要說那字寫反了！」

「這個字不管是正寫還是反寫你都認得它是什麼字，」禪師接著說道，「人也一樣，好人是人，壞人同樣也是人，最重要不在於人的差別，而在於你要認識人的本性。當你遇到惡人的時候，要一眼便能看清他的善惡，並能夠喚出他的『本性』。本性明瞭了，也就不難度化了。」

佛經說：善惡只在一念之間。從本性上看，每個人都是一樣的！

4 以寬容之心，度他人之過

人褊急，我受之以寬宏。人險仄，我帶之以坦蕩。

——弘一法師

人生在世，免不了要和別人相處，然而由於每個人的文化水準、工作生活、性格愛好等都不同，相處久了，難免會發生磕磕碰碰和矛盾衝突，嚴重的甚至還會產生仇恨的心理，導致兄弟反目、婆媳不和、同事爭執等現象。

其實，有些矛盾只是些小矛盾，只要有一方豁達一些、大度一些，該寬容的寬容，該忘記的忘記，問題就會迎刃而解，干戈也會化爲玉帛。

然而，現實中總有那麼一些人，心胸狹隘，小肚雞腸，處世總是持「寧可我負人，不可人負我」的態度，對別人的不是，總會毫髮必爭，最終弄得小事化大，使矛盾進一步惡化。

從前，有一個窮秀才在集市上賣字畫。有一天，他看見不遠處前呼後擁地走來一位富家少爺。秀才知道這位富家少爺的父親在年輕時曾經欺辱、迫害過自己的父親，自己的父親也因此憂鬱而死。

雖時過境遷，但秀才的心底仍不由地湧起一陣仇恨的情緒。可這位少爺並不瞭解這一切，他被秀才的一幅花鳥畫深深地吸引住了。他在畫前流連忘返，久久不願離去，似乎想要買下這幅畫。但秀才卻將畫卷收了起來，並聲稱不賣給他。這位少爺是位癡情任性之人，對那幅畫始終難以割捨，不能忘懷。沒過多久，他便因為這幅求而不得的畫而得了心病，日漸憔悴。

最後，少爺的父親出面了，表示願意為這幅畫付一筆高價。可是秀才寧願把畫掛在自家堂屋的牆上，也不願意賣給他。秀才陰沉著臉坐在畫前，自言自語地說：「這就是我的報復，父債子償。」少爺的父親沒有買到畫，失望地回去了。沒過幾天，那位少爺抑鬱而終。

可是秀才卻沒有得到報復後的快感，他連日夢見那名小少爺天真的笑臉，這使他的良心受到了譴責，終日痛苦不已。

有一天，他應人要求畫一幅佛像。可是，他畫著畫著，就覺得這佛像與自己以往所畫有很大的差異，這使他苦惱不已。他費盡心思地找原因，突然驚恐地丟下手中的畫筆，跳了起來：他剛畫好的佛像眼睛，竟浮現出心中仇人的眼睛，連嘴唇也是那麼相似。他把畫撕碎，驚呼道：「我的報復又回報到我頭上來了！」

生活就是這樣，面對別人的傷害，若一定要以其人之道還治其人之身，最後的結果與其說是報復了自己的敵人，倒不如說是更深地傷害了自己。因此，不要對別人的傷害耿耿於懷，用別人犯下的錯來懲罰自己，使自己痛苦，實在是太不明智了。

「當你伸出兩隻手指去指責別人時，餘下的三隻手指恰恰是對著自己的。」寬容的父母常用這句話教育他們的孩子。

有個青年，在學習、生活、工作中遭遇了許多誤解和挫折，因此總是憤世嫉俗。由於得不到別人的理解，漸漸地他養成了以戒備和仇恨的心態看待他人的習慣，總是對別人的小錯誤斤斤計較，仇恨那些不理解自己的人，以至於自己的人際關係十分緊張。在壓抑鬱悶的環境中，他感覺整個世界都在排斥自己，因此度日如年，精神幾近崩潰。

有一天，青年出門散心，登上了一座景色宜人的大山。坐在山上，他卻無心欣賞優美的風景，只是想著自己這些年的遭遇，內心的仇恨像開閘的洪水一樣瞬間湧上心頭。他忍不住大聲地對著空蕩幽深的山谷喊：「我恨你們！我恨你們！我恨你們！」話一出口，山谷裏傳來了同樣的回音：「我恨你們！我恨你們！我恨你們！」

他越聽越不是滋味，於是又提高了喊叫的聲音。他罵得越厲害，回音也就越大、越長，搞得他更加惱怒。

就在他再次大聲叫罵後，身後傳來了「我愛你們！我愛你們！我愛你們」的聲音。他扭頭一看，只見不遠處的寺廟裏，一位方丈正對著他喊。

片刻後，方丈微笑著向他走來，笑著說：「倘若世界是一堵牆，那麼愛就是世界的回音壁。就像剛才我們的回音，你以什麼樣的心態說話，它就會以什麼樣的語氣給你回音。愛出者愛返，福往者福來。為人處世，許多煩惱都是因為對別人斤斤計較、懷恨在心而產生的。你熱愛別人，別人也會給你愛，你去幫助別人，別人也會幫助你。世界是互動的，你給世界幾分愛，世界就會回你幾分愛。愛給人的收穫遠遠大於恨帶來的暫時的滿足。」

聽了方丈的話，青年愉快地下了山。回到家後，青年開始以積極、健康、友愛的心態對待身邊的一切。他和同事之間的誤解沒有了，也不再有人和他過不去了，工作自然比以往順利，他自己也比以前快樂許多。

生活中沒有永遠的仇人，只要心中的怨恨消失了，仇人也能變成朋友。如果我們的仇人知道是我們對他的怨恨使得自己精疲力竭、緊張不安，甚至讓自己折壽的時候，仇人豈不是會拍手稱快！那麼，我們爲什麼要用仇人的錯誤懲罰自己呢?即使我們不能愛那些仇人，至少要做到愛自己。我們要使仇人不能控制我們的快樂、健康和外表。就如莎士比亞所說：「不要由於你的敵人而燃起一把怒火，讓心中的烈焰燒傷自己。」

所以，不要浪費時間去做那些毫無意義的報復，不要讓自己的心因爲報復更加痛苦。

5 要先利人，才能利己

己欲利，先利人；己欲達，先達人。

——弘一法師

喬治．艾略特說：「如果我們想要更多的玫瑰花，就必須種植更多的玫瑰樹。」或許，生活本來就沒有不平凡的含義，而在於你如何看待它、如何對待它。理智而樂觀的人對別人不會期許太多，因爲他明白：你如何對待別人，別人也會如何對待你。要走進別人的心靈，首先要自己敞開胸懷。

兩個釣魚高手一起到魚池垂釣。這二人各憑本事，一展身手，沒過多久，兩人各有收穫。

忽然間，魚池附近來了十多名遊客。他們看到這兩位高手輕輕鬆鬆就把魚釣上來了，十分羨慕，於是都到附近去買了魚竿前來釣魚。但這些不擅此道的遊客無論怎麼釣都毫無成果。

話說回來，那兩位釣魚高手的個性相當不同。其中一人孤僻，不愛搭理別人，單享獨釣之樂；而另一位卻是個熱心、豪放、愛交朋友的人。

愛交朋友的這位高手看到遊客釣不到魚，就說：「這樣吧！我來教你們釣魚，如果你們學會了我傳授的決竅，釣到了一大堆魚，那就每十尾就分給我一尾，不滿十尾則不必給我。」雙方一拍即合。教完這一群人，他又到另一群人中，同樣也傳授釣魚術，依然要求每釣十尾回饋給他一尾。

一天下來，這位熱心助人的釣魚高手把所有時間都用在了指導垂釣者身上。雖然他自己沒釣成魚，可他卻收上來滿滿一大筐魚，還認識了一大群新朋友，被他們左一聲「老師」右一聲「老師」地叫著，備受尊崇。

而同來的另一位釣魚高手卻沒有享受到這種服務於人的樂趣。當大家圍繞著他的同伴學釣魚時，他就更加孤單落寞了。悶釣了一整天，他檢視竹簍裏的魚，收穫遠沒有同伴多。

在生活中，我們都希望得到別人的支持和理解，更希望得到別人的關心。幫助別人也等於幫助自己，因爲我們都處於一個大集體中，每個人都不可能孤立地存在，有時候，我們也需要別人的幫助。而在這個時候，站出來幫我們的往往就是那些我們曾經幫過的人。

因此，不要吝嗇，也不要小氣，多幫幫別人，一聲問候、一個鼓勵的眼神、一句讚美的話，都會給他人帶來快樂，也會給你帶來意想不到的收穫。

「知恩圖報」「感恩戴德」「結草銜環」……這些傳統辭彙及道德觀念，無不規勸著我們要學會「給人好處」的做人做事方法。

當然「給人好處」不可一次給盡，這樣才能更長時間地維持他人對你的感恩之情。

《菜根譚》中有言：「待人而留有餘地，不盡之恩禮，則可以維繫無厭之人心；禦事而留有餘地，不盡之才智，則可以提防不測之事變。」這是說，與人恩惠，應漸漸施出，要留有餘地。人心貪婪，最不知足，餘下的恩禮可以維繫和保持與這些人的關係；做事情要留有餘地，用一部分心力作善後考慮，這樣可以提防意外變故。所以給他人好處時，要做得自然，不要太過直露，更不能表現得太過功利，應掌握好分寸，在不知不覺中讓對方感覺到你的好處，成爲你的知己，進而願意爲你做你所想的一切事情。

《詩經・大雅・抑》中曾說：「投我以桃，報之以李。」友善會孕育同樣的友善。當你向對方施以友善的行爲後，能加重對方內心的虧欠感，這會讓對方更易接受你所提出的觀點和請求，進而推動事情向你想要的結果發展。

6 萬事隨緣，順其自然

逆境順境，看襟度。臨喜臨怒，看涵養。

——弘一法師

凡事要想得開，不去主動製造煩惱的資訊來刺激自己，即使面對一些真正的負面資訊，也要處之泰然，做到「身穩如山嶽，心靜似止水」、「任憑風浪起，穩坐釣魚臺」。

這既是一種堅守目標、排除干擾的良策，也是一種豁達的表現。一個人假如處處在瑣事中糾纏不休，就容易被小事所累，一生也必將一事無成。

人應當有廣闊的胸懷，宏大的氣度。大河裏生活的魚，不會因遇到一點風浪就驚慌失措。而小溪裏的魚一旦風吹草動，便會立刻四處逃竄。人也是一樣，胸懷狹窄的人沒有一點氣度，常常爭先恐後地與他人爭奪蠅頭小利，但這點小利到手後，卻又發現丟了大利。就像人們所說的「丟了西瓜撿了芝麻」。胸襟坦蕩、廣闊的人從不會爲芝麻小事而忙得團團轉，他們更多的是把目光投向生活的深度和廣度，因此他們往往處變不驚，從容不迫。

每個人都希望自己每天開開心心、順順利利，可是既然是生活，就總會有那麼一些小波瀾、小浪花。在這種情況下，斤斤計較只會讓自己的日子陰暗乏味，唯有胸襟豁達才能讓自己每天的生活充滿陽光。

有一個有趣的佛家故事更好地說明了這一點。

三伏天，禪院的草地枯黃了一片。「撒點草籽吧！好難看呀！」小和尚說。

師父揮揮手：「隨時！」

中秋節時，師父買了一包草籽，叫小和尚去播種。

秋風起，草籽邊撒邊飄。「不好了！好多種子都被風吹飛了。」小和尚喊道。

「吹走的多半是空的，撒下去也發不了芽。」師父泰然道，「隨性！」

撒完種子，跟著就飛來幾隻小鳥啄食。「糟糕！種子都被鳥吃了！」小和尚急得跳腳。

「沒關係！種子多，吃不完！」師父微微一笑說，「隨遇！」

半夜下了一陣驟雨。小和尚一大早衝進禪房，喊道：「師父！這下真完了！好多草籽被雨沖走了！」

「沖到哪兒，就在哪兒發芽！」師父擺擺手說，「隨緣！」

一個星期過去了，原本光禿禿的地面上，居然長出許多青翠的小草。一些原來沒播種的角落，也泛出了綠意。

小和尚高興得直拍手。

師父靜然說：「隨喜！」

弘一法師認爲，隨不是跟隨，是順其自然，不怨恨、不躁進、不過度、不強求。隨不是隨便，是把握機緣，不悲觀、不刻板、不慌亂、不忘形。

人生有順境逆境，際遇有高低起伏，能否做到隨緣，往往能在關鍵時刻決定一個人的未來發展。隨緣，是一種人生的態度，但從深層次看，隨緣，更是一種待人處世的思維方式。

當然，隨緣，並不等於逃避現實、麻木不仁，也不是看破紅塵後的精神頹廢和消極遁世，而是在奔向人生大目標途中所採取的一種灑脫、豁達、飄逸的生活策略。凡事看開一點，超脫一些，得到的無疑是瀟瀟灑灑、豁達輕快的生活。

【第七課】

感謝帶給你逆境的人

弘一法師曾說：

「一個人不經過艱難困苦的環境的磨練，知識、思想和修養就很難取得大的進步，更不會對生活有深刻的感悟，也就難以頓悟成佛了。」

1 以苦為「良師」

十方三世一切佛皆以苦為良師。

——弘一法師

佛家有言：過去，不會有人只遭詆毀，不會有人只受讚歎；未來，亦不會有這種人；現在，同樣沒有這種人。

弘一法師曾說：「一個人不經過艱難困苦的環境的磨練，知識、思想和修養就很難取得大的進步，更不會對生活有深刻的感悟，也就難以頓悟成佛了。」

有一個年輕禪師，在老禪師的身邊學禪多年沒有什麼成果，因此，老禪師想找一個適當的機會點化他。一天飯後，年輕禪師陪著老禪師在長滿青草的田野上散步，老禪師隨口問他：「你看這田野是不是很青翠。」

年輕禪師回答：「是啊，鬱鬱蔥蔥，很有生機。」

「哈！哈！哈！……」老禪師聽後，發出了一陣大笑，便踱步離開了。

年輕禪師愣在那裏，心想：我有什麼地方說錯了的嗎？我覺得我沒有說錯什麼呀！師父為什麼嘲笑我呢？

年輕禪師因放不下師父這一神秘的笑聲而寢食不安，心裏總是想：我哪裏說錯了呢？師父為什麼嘲笑我呢？連睡夢中都會被師父那神秘的笑聲驚醒。他實在忍不住了，第二天清早，便去請求老禪師明示：「師父！昨天在田野裏我是哪裏說錯了嗎？」

「你沒有哪裏說錯啊！」老禪師回答。

「那師父為什麼嘲笑我呢？」年輕禪師又問。

老禪師說：「你既然沒有說錯做錯，為什麼要在乎別人是笑是罵呢？你看過市集上專門耍把戲的小丑嗎？眾人對他指指點點，並發出陣陣嬉笑，他依然能心安理得的表演。而你被人笑一笑便弄得寢食不安，對外界的看法如此地執著，如何參禪悟道？實在是連耍把戲的小丑都不如啊！」

有一位白隱禪師，非常有德行，門徒也很多。距離他的寺院不遠，有一戶開布店的人家，全家都是白隱禪師的信徒。可是他們家的女兒卻和一位行為不正的年輕人發生了關係，還沒有出嫁就要做媽媽，讓家人感到顏面盡失。做父親的一再逼問女兒那個人到底是誰，女兒生怕一講出來，孩子的父親會被自己父親打死，所以一直不肯講。後來實在經不起父親的一再逼問，她忽然念頭一動，想到父親最尊敬白隱禪師，因此就說：「是白隱禪師。」

她父親一聽，整個人像遭了雷劈一般，他怒氣沖沖地拿著木棒，找到白隱禪師，不由分說地痛打一頓：「你這個壞傢伙，本以為你是得道高僧，沒想到居然和我女兒做出這等傷天害理的事！」

白隱禪師雖覺得不太對勁，但仔細一想對方的話，也明白一些端倪。他心想：這個時候說什麼都沒有用，而且又是關係到一個姑娘家的名節，就說：「就是這樣嗎？」

小孩呱呱落地以後，女孩的父親把小孩抱到寺院，丟給白隱禪師說：「這就是你的孽種，還給你！」從此白隱禪師只好做起了這小孩的保姆，天天帶著小孩化緣奶汁，卻到處遭受辱罵與恥笑：「這是個不守戒律的壞和尚！」但是白隱禪師不論人們如何辱罵，仍是默默地撫養著孩子。

在這之前，孩子的父親早已嚇得逃跑到外地去了。直到過了好幾年，他才敢回來找這個女孩，問起過去的事。女孩罵道：「你這個不負責任的混蛋，你走了，我沒有辦法，只好說這個小孩是白隱禪師的。」年輕人一聽馬上說：「你怎麼可以誣衊禪師呢？他可是個大好人啊，我們真是罪過！現在該怎辦？」女孩也愧疚地說：「只能去向白隱禪師懺悔！」

聽女孩表明當年事實的真相後，女孩的父母親心裏感到無限懊悔，立刻帶著全家大小，向白隱禪師請罪懺悔。白隱禪師聽了以後，也沒生氣，只簡單地說：「喔！原來是這樣子！這小孩是你們的，你們就抱回去吧！」

別人不友善的舉止是別人的錯誤，我們無力改變。但是，我們可以盡力提升自己的形象和價值，讓自己原本微弱的力量逐漸強大，直到每個人都無法忽略我們的存在為止。

在山中的廟裏，有一口大鐘和一尊銅鑄的大佛，大鐘每天都要承受幾百次撞擊，而大佛則是每天接受千千萬萬人的頂禮膜拜。這讓大鐘感到十分不平。一天夜裏，大鐘忍不住提出了抗議，他對大佛說：「我們同樣都是銅鑄的，你每天都是高高在上，人們對你燒香奉茶、獻花供果、頂禮膜拜。而每當有人拜你之時，我就要挨打，這太不公平了！」

大佛聽後微微一笑，說：「大鐘啊，你其實不必羨慕我。你不知道，當初工匠製造我的時候，對我一棒一棒地捶打，一刀一刀地雕琢，我日夜忍耐如雨點般落下的刀錘……經過千錘百煉才鑄成佛的樣子。我經過了這些難忍的苦行才會坐在這裏，接受鮮花供養和人們的禮拜！而你並沒有曾經歷過我所歷經的苦難，現在別人只不過在你身上輕輕敲打幾下，就忍受不了了嗎？」

人必須要忍受艱苦的雕琢和錘煉方能百煉成鋼。

2 最糟的事，也不過是從頭再來

自處超然，處人藹然。無事澄然，有事斬然。得意淡然，失意泰然。

——弘一法師

最糟糕的事是什麼？損失金錢，失去愛情，離別親人，遭人陷害，還是被病痛折磨？不，這些都不是最糟糕的事，只要你的生命尚存一口氣息，只要你還活在這個世界上，你就沒有理由抱怨自己的現狀太糟。除此之外，任何東西你失去了，哪怕你現在一無所有，也沒什麼大不了，只不過是從頭再來而已。

有一位孤獨的年輕人倚靠著在一棵樹旁曬太陽。他衣衫襤褸，神情萎靡，還不時地打著哈欠。這時，一位僧人從這裏路過，他好奇地問年輕人：「年輕人，這麼好的陽光，你不去做些有意義的事，卻在這裏懶懶散散地曬太陽，豈不是辜負了大好時光？」

「唉！」年輕人歎了一口氣說，「在這個世界上，我除了自己的軀體外，一無所有，又何必去費心費力地做什麼事呢？每天曬曬太陽，就是我能做的所有事情了。」

「你沒有家嗎？」僧人問道。

「沒有。與其承擔家庭的負累，不如乾脆沒有。」年輕人說。

「你沒有所愛的人，也沒有朋友嗎？」僧人繼續問道。

「沒有。愛過之後便是恨，與其這樣，不如乾脆不去愛。得到了友情最終也還是會失去，與其這樣，不如乾脆沒有朋友。」

「你不想去賺錢？」

「不想，千金得來還復去，何必勞心費神呢？」

「噢，」僧人若有所思道，「看來，我得趕快幫你找根繩子了。」

「找繩子？」年輕人好奇地問，「做什麼？」

「幫你自縊啊！」

「自縊？你是說讓我去死？」年輕人驚詫萬分。

「對！人有生就有死，與其生了還會死去，不如乾脆就不出生。你的存在，本身就是多餘的，自縊而死，不是正符合你的邏輯麼？」

人的一生是一段漫長的路程，不能凡事都抱著消極的態度，因爲一味地擔心自己會無所得，而不去付出努力；更不能因爲一時的失敗就否定自己，因爲一次的得失就斷定一生的成敗，要用平常心去看待人生中的起落。這就是弘一法師說的：「自處超然，處人藹然。無事澄然，有事斬然。得意淡然，失意泰然。」

這個世界上大多數人都失敗過，一些人越戰越勇，排除萬難迎來了成功，而另外一些人卻從此一蹶不振，陷入人生的泥沼。其實，不幸並不可怕，可怕的是我們喪失了鬥志，失去了面對的勇氣。只要我們的生命還在，跌倒了就爬起來，所有的傷痛都可以療癒！

有一首詩寫道：「白雲跌倒了，才有了暴風雨後的彩虹。夕陽跌倒了，才有了溫馨的夜晚。月亮跌倒了，才有了太陽的光輝。」在堅強的生命面前，失敗並不是一種摧殘，也並不意味著你浪費了時間和生命，而是給了你一個重新開始的理由和機會。

3 痛苦是幸福的「試金石」

日日行不怕千萬里，常常做不怕千萬事。

——弘一法師

誰也無法避免悲劇的發生，比如我們遭遇了疾病、意外，失去了健康、失去了財產等，這都會讓我們自責、後悔、抱怨，在痛苦中糾纏不休。當我們無法接受痛苦的時候，痛苦就像是緊箍咒。越痛越緊，越緊越痛。

英國史學家卡萊爾，經過多年的艱辛耕耘，終於完成了《法國大革命史》的全部文稿。他將原始稿件送給了好友米爾閱讀，希望米爾能夠給自己提出更好的建議。可是，沒過多少天，米爾就臉色蒼白渾身發抖地跑來，他向卡萊爾通告了一個再悲慘不過的消息。原來法國大革命史的原稿，除了少數幾張散頁外，其他的全被他家裏的女傭當作廢紙，丟入火爐化為灰燼了，沒有再找到的可能了。

更讓卡萊爾絕望的是，當初他每完成一章，他家的傭人便隨手撕碎了原來的筆記、草稿，沒有留下任何記錄。這意味著一切都必須從頭開始。

但是，向子孫後代講述法國大革命史的願望漸漸驅散了卡萊爾心頭的絕望之雲。他重振精神，買來一大疊稿紙，決定重新搜集整理素材，第二次撰寫《法國大革命史》。

後來他說：「這一切就像我把筆記簿交給小學老師批改時，老師對我說『不行！孩子，你一定要重寫，寫得更好些！』」

卡萊爾又開始查資料，記筆記，在第一部的基礎上，更加完善地完成了《法國大革命史》的文稿。

很多時候，在我們犯下錯誤後，有的人總是待在悔恨的誤區中不能自拔，讓自己的心永遠站在了失敗上。既然沒有能力去改變過去，既然到最後還是要承認、面對，不如早一點且主動去接受那些不幸，接受生活的真相。

當你接受了，自然不會再浪費時間去抱怨諸多的不公，抱怨自己命運坎坷。然後你才能心境坦然地面對，也才能由此迸發出更多的正能量。

在許多人眼中，美國著名的投資大師奧爾特・巴頓是個非常聰明的投資者。然而，即便巴頓再聰明，也有犯錯的時候。

幾年前，巴頓在一次看似十拿九穩的投資中，因為一個粗心的分析，導致資料出現偏差，損失了一大筆資金。但是巴頓卻顯得異常沉著，沒有在錯誤出現的時候手忙腳亂，也沒有推脫自己的責任，他主動誠懇地向合夥人道了歉，並且承諾自己一定會從這次失誤中汲取教訓。

之後巴頓再次投資，他牢記上一次的失敗經歷，步步為營，最終獲得了巨大的成功。在接受記者採訪時，巴頓大聲宣告：「如果能時刻反省自己的不足，那麼上一次失敗的經驗，將會成為這一次成功的秘訣。」

換個角度看看，很多不幸也催生了很多美好未來的東西。霍金、貝多芬、海倫・凱勒，他們並不是因爲得到命運的垂憐而成功的。事實上，相對於普通人，命運給他們的似乎更少一些。他們能夠成功是因爲他們勇於接受事實，敢於接受生活的真相。

悲劇既然發生了，就要給它一張名片，承認它。承認是第一步，因爲不承認它你就無法面對它，不面對又如何解決它呢？正視它之後你會發現，其實你並沒有被嚇倒，而是在用主觀意識去慰藉不可遏制的生存欲望和快樂，將那些痛苦轉化爲意志力的「運動場」，當你大汗淋漓地跑完全程，克服了跌倒和疲勞時，就會獲得愉快的體驗。

痛苦是一塊生命的試金石。你有痛苦，說明你正在不停地探索著；你有痛苦，意味著有一粒希望的種子在心中萌動。痛苦是智慧的第一抹曙光。在這個世界上，沒有痛苦，人就只有卑微的幸福；沒有痛苦，人的心靈永遠無法成熟。哲人在痛苦中孕育，詩人在痛苦中誕生，豪傑在痛苦中崛起，雪茄客在痛苦的時候造就浪漫的咖啡館風情。

在這個紛繁的社會裏，很多人是在經歷了痛苦之後，才找到自身的價值，才洞悉生命的奧秘和本質。

不要一味地迴避和躲讓苦難。因爲它，我們的人生才變得多姿多彩，我們的意志才變得堅忍不拔，我們的思維才變得成熟敏捷。學會迎接痛苦、面對痛苦、化解痛苦，讓痛苦成爲支撐人生的脊樑，你的人生才能無往不利。

4 從「我」中跳出來，你不是最倒楣的

此身不向今生度，更待何時度此身。

——弘一法師

一隻蚌對另一隻蚌抱怨說：「我真是痛苦不堪，那顆醜陋的沙子在我的身體裏滾來滾去，讓我渾身疼痛，整日都無法休息！」

另一隻蚌聞言卻哭泣著說：「我倒是寧願那麼痛苦！誰都知道，只要過了這個最艱難的時期，你就可以生產出美麗的珍珠，這是多麼讓人羨慕啊！」

一隻螃蟹聽到這兩隻蚌的對話，忍不住站出來說道：「其實你們都不需要抱怨。有了沙子在身體裏的蚌，接受你這短暫的痛苦吧，因為迎接你的將是永恆的珍貴！沒有沙子的蚌，安靜地等待吧，只要你願意讓沙子進入你的身體，每一天都是機會。即使永遠都沒有沙子，你享受的難道不是輕鬆和快樂嗎？哪需要去眼紅別人的遭遇！」

弘一法師認爲：「一個人忍受痛苦的耐力，就是驗證自我能力的試金石。很多時候，忍受痛苦並不代表放棄抵抗，而是要讓自己從這種悲傷中找到出路，在苦痛中創造出美好的明天。」

從「我」中跳出來，與別人進行交流溝通，參考各自的生活軌跡和方式，這是一個破解痛苦的簡易方法。因爲有相互的比較，可以讓人們清楚地看到一些原來被忽略的事實和本質。例如，儘管你的職業不夠響噹噹，但是你的薪水很穩定；儘管你的相貌很醜陋，但是你的子女很上進；儘管你的老闆很苛刻，但是你的妻子很賢慧……一旦你開始誠心地感恩命運的賜予，就會不再好意思誇大自己那些微不足道的痛苦了。

平息後，問自己：「我是否真有太多的不如意？」

佛祖為了消除人們的疾苦，就從人間選了一百個自以為最痛苦的人，讓他們把自己的痛苦寫在紙上。寫完後，佛祖說：「現在，請你們把手中的紙條相互交換一下。」結果，這一百個人通過交換看了別人的紙條之後，個個都非常震驚：過去總以為自己是最「不幸」的人，現在才知道很多人比自己更痛苦，那麼自己還有什麼理由消沉呢？

人的一生，是一個不斷感動的過程，也是一個不斷尋找自我的過程。我們只有在真切面對自我的時候，才會由衷地感動。起床、吃飯、工作、遊戲、休息、交友、戀愛、結婚……這其中的每一個環節都讓我們領略了生活的樂趣，其中的喜悲，缺少哪一樣都不行。美味的食物、真誠的友誼、忠貞的愛情、有品質的婚姻、溫煦的陽光、歡愉的微笑。除非獲得你的允許，否則沒有人能夠令你苦惱。

人生在世，不如意事十有八九。如果我們囿於這種「不如意」之中，終日惴惴不安，那生活就會變得索然無味。

所以，用平常心去看身邊的事與人，你會發現，正如以上的古老故事所言：其實，有很多人比自己更痛苦，我其實不是這世間最「不幸」的那個人。那麼還有什麼理由消沉呢？而「我是世界上最不幸的人」的自我暗示一旦消除，人的壓力和負擔也會降低，再大的痛苦，也會被輕易地瓦解與消除了。

5 以德報怨，唯有修心方是福

接受別人之難，在於他們如同一面鏡子，反映出我們自己的缺點。曉得自己是凡夫才好修行。只看到別人的過失，不審察自己的過失，是我們最大的無明習氣。

——弘一法師

佛說：「原來怨是親。」縱使別人怨恨我們，我們最好也將其視爲自己的親人，都要感謝他。爲什麼呢？因爲沒有他人製造的「磨難」，我們的心境就無從提高。

有一位老人，為了讓兒子們多一些人生歷練，便對他的三個兒子說：「你們三人出門去，三個月後再回來，把旅途中最得意的一件事告訴我。我要看你們中哪一個所做的事最讓人敬佩。」之後，三個兒子就動身出發了。

三個月以後，三個兒子如約回來了，老人就問他們每人所做的最得意的事是什麼。

長子說：「有個人把一袋珠寶存放在我這裏，他自己並不知道有多少顆寶石，假如我拿他幾顆，他也不會知道。等到後來他向我要時，我原封不動地歸還了他。」

老人聽了之後說：「這是你應該做的事，若是你暗中拿了幾顆，那你豈不變成了卑鄙的人？」長子聽了，覺得這話不錯，便退了下去。

次子接著說：「有一天我看見一個小孩落入水裏，我救他出來，他的家人要送我厚禮，我沒有接受。」老人說：「這也是你應該做的事，如果你見死不救，你內心怎能無愧？」次子聽了，也是無話可說。

最小的兒子說：「有一天我看見一個患者昏倒在危險的山路上，一個翻身就可能摔死。我走上前一看，竟然是我的宿敵，過去我幾次想報復，都沒有機會。這回我要置他於死地可以說是不費吹灰之力，但是我不願意暗地裏害他，我把他叫醒，並且送他回了家。」

老人不等他說完，就十分讚賞地說道：「你的兩個哥哥做的都是符合良心的事，不過你所做的是以德報怨，彰顯出良心的光芒，實在是難得。」

弘一法師說：「做該做的事，僅僅是不昧良心，但做到原來不易做到的事，卻顯出心胸的寬廣仁厚。常人要想成就一番事業，都得經過九九八十一難，更何況我們追求的是心靈的修行?你若能悟，就能把加害、誹謗你的人當作親人。」

學會寬恕別人的過錯，就是學會善待自己。仇恨只能讓你的心靈永遠生活在黑暗之中，而寬恕卻能讓你的心靈獲得自由，獲得解放。寬恕別人的過錯，可以讓你的生活更輕鬆愉快。

一位名叫卡爾的賣磚商人，因為另一位對手的競爭而陷入困難之中。對方在他的經銷區域內定期走訪建築師與承包商，並告訴他們：「卡爾的公司不可靠，他的磚塊不好，其生意也面臨倒閉的境地。」

卡爾對別人解釋說，他並不認為對手會嚴重傷害到他的生意。但是這件麻煩事使他心中生出一團無名之火，真想用一塊磚來敲碎那人肥胖的腦袋作為發洩。

「有一個星期天的早晨，」卡爾說，「牧師講道的主題是：要施恩給那些故意讓你為難的人。我把每一個字都記下來了。就在上個星期五，我的競爭者使我失去了一份廿五萬塊磚的訂單。但是，牧師之前教我們要以德報怨，化敵為友，而且他還舉了很多例子來證明他的理論。當天下午，我在安排下周日程表時，發現住在弗吉尼亞州的我的一位顧客，正因為蓋一間辦公大樓而需要一批磚，而他們所指定的磚的型號卻不是我們公司製造供應的，但與我競爭對手出售的產品很類似。同時，我也確定那位滿嘴胡言的競爭者完全不知道有這筆生意。」

這使卡爾感到為難，是遵從牧師的忠告，告訴給對手這項生意?還是按自己的意思去做，讓對方永遠也得不到這筆生意？

到底該怎樣做呢？

卡爾的內心掙扎了一段時間，然而牧師的忠告一直盤踞在他心裏。最後，也許是因為很想證實牧師是對的，他拿起電話撥到競爭對手家裏。

接電話的人正是競爭對手本人，當時他拿著電話，難堪得一句話也說不出來。但卡爾還是禮貌地直接告訴他有關弗吉尼亞州的那筆生意。結果，那個對手很是感激卡爾。

卡爾說：「我得到了驚人的結果。他不但停止散佈有關我的謊言，而且甚至還把一些他無法處理的生意轉給我做。」

卡爾感到心情比以前好多了，他與對手之間的陰霾也獲得了澄清。

以德報怨，化敵爲友。這才是你應該對那些終日想要讓你難堪的人所要採取的上上策。當你的心靈爲自己選擇了寬恕別人過錯的時候，你便獲得了一定的自由。因爲你已經放下了責怪和怨恨的包袱，無論是面對朋友還是仇人，你都能夠報以甜美的微笑。佛法中講究緣分，在眾生當中，兩個人能夠相遇相識便是緣分。當你因爲仇恨而與別人相識，不可否認，你的心裏已經牢牢記住了對方的名字，如你因爲整天想著如何去報復對方而心事重重，內心極端壓抑，那不如放下仇恨，寬恕對方。或許你由此便多了一個可以談心的好朋友。

6 感謝一切苦難

應付苦難的唯一適當方法就是忽視它；如果你不能忽視它，那麼就超越它；如果你不能超越它，那麼就嘲笑它；如果你還不能嘲笑它，也許就是你活該受這苦。

——弘一法師

有些人經常把不幸的事掛在嘴邊。在逆境中的他們總是固執地認爲是命運在與自己過不去。他們的抱怨總是過分強調外在因素，而未能從自身主觀因素上查找失誤的原因。然而對於不幸的命運，你越是抱怨，就越覺得痛苦。現實社會中，每個人都應該深刻地認識到，生命的整體是相互依存的，每一種東西都會依賴其他一些東西存在。

人的潛能是無法估量的，之所以平常沒有顯現出來，那是因爲我們處在良好的環境之中。如果我們遭受到巨大的困難和打擊，自身的潛能就會自然地被激發出來。

弘一法師說：「在智者的眼裏，痛苦是福，沒有痛苦，則無歡樂。因爲歡樂與痛苦是雙胞胎，痛苦是快樂的親兄弟。躲避痛苦的親吻，歡樂也失去了甜蜜的本味。沒有痛苦，生活將不是五色；沒有痛苦，便不懂人生百味的真正滄桑。享受痛苦時，生命不再是單純的苦澀，痛苦使原本平庸的生活更耐咀嚼。」

一位製造樂器的外國匠人曾說過，他從不選擇那些光光溜溜的一帆風順成長出來的樹木作為製作樂器的材料。他會跋山涉水，專門找尋那些被火燒過、被雷擊過、被蟲蛀過……總之是遭受外力因素摧殘過的材質。這樣的木材做成的樂器，常常能發出非同尋常的聲音，得到意想不到的效果。我們中國古代焦尾琴的來歷，也很好地說明了這一點。

由木材可以聯想到人。那些在順境中長大的人，他們優越而幸福，但像一杯甜甜的糖水，少了許多讓人回味的東西，而那些歷經了磨難的人，卻像一杯清茶。茶葉因沸水沖泡釋放出深蘊的清香，生命也只有在歷經挫折後，才能放射出異樣的光彩。

人自從有了生命，便沉浸在感恩的海洋裏。一個真正明白這個道理的人，會感恩大自然的福佑，感恩父母的養育，感恩師長的教誨，感恩親友的關愛，感恩食之香甜，感恩衣之溫暖。就連苦難逆境，就連傷害自己的人，也不忘感恩。因爲真正使自己成功，使自己變得智慧勇敢、豁達大度的，不是順境，而是那些幾乎置自己於死地的打擊、挫折。對於智者來說，生命中的每一次拔高，都緣於腳下有一把堅實的梯子——痛苦。

弘一法師曾經給學生們講了一個故事：

明朝有一個人，每天半夜都會跪在庭院裏燒香拜天，如此堅持了三十年。終於有一天，他的行為感動了天上的一位天神，在他又一次拜天的時候，這位天神就下來對他說：「你有什麼要求就說吧，我馬上就會離開。」

那人想了一會兒，說道：「沒有別的，我只是想一輩子不用受窮，有飯吃，有衣服穿，有多餘一點的錢可以讓我遊山玩水，一輩子不受災病的困擾，可以無疾而終。」

天神聽後十分為難地說：「你若求人世間的功名、富貴我都可以答應，但是你求的這些是神仙才能夠享受到的清福，我沒有辦法滿足你。」

弘一法師說：「這個故事告訴我們，身爲凡人，沒有人可以不經受痛苦。品味痛苦，享受痛苦，是一種自覺，是一種嗜好，也是一種意境。痛苦是智慧的第一抹曙光。之所以這樣安排，是因爲人生的許多道理，不是靠聰明就能理解的，而是要經歷痛苦後才能徹底領悟。如果說歡樂是朋友的話，痛苦就是老師；如果說歡樂帶來的是聰明和純真的話，痛苦帶來的則是深刻和成熟。」

痛苦，和歡樂一樣，它讓我們的生命增加韌性，我們在歡樂中迷失的，往往能從痛苦中找回來。痛苦是上蒼對我們的愛，它希望我們成長、感悟，能夠體會和珍惜幸福，能夠以同情之心對待他人，能夠手潔、心清、愛人如己、滿足、感恩。

感謝帶給你痛苦的人，這是一種胸懷，也是一種智慧。哪怕他曾經讓你生不如死，你也要感謝他，因爲是他讓你品味到了人生的豐富多彩；是他讓你知道了世事的險惡，人情的淡薄；是他讓你知道了生命的意義；是他讓你知道了戰勝自己比戰勝對手更重要。哪怕他曾經捅過你一刀，你也要感謝他，因爲是他讓你知道，刀插進身體時是那般真切地疼痛。哪怕他曾經讓你生命垂危，你也要感謝他，是他讓你知道了生命在彌留之際，是那樣讓人留戀，讓你學會好好珍惜有生之年。哪怕他曾經讓你苦不堪言，哪怕他曾讓你頭破血流，哪怕他曾讓你身敗名裂，哪怕他曾經讓你……

無論如何，你都要感謝帶給你痛苦的人，是他讓你全方位地認知了生活，陽光背後會有陰影，然而黑暗的地方，也會有光明。

【第八課】

朋友相處，久而敬之為正道

朋友之交，
並不是因為對方的財富地位，
也不是因為對方出眾的容貌，
而是一種心靈的接受，
一種精神世界的相通。

1 君子之交淡如水

君子之交淡如水，小人之交甘如醴。
——《莊子》

一位哲人說：「親密的友誼，可以不拘禮節，此乃理所當然。但是，話雖如此，並非就此容許踏入他人絕對禁止入侵的領域。無論彼此的關係如何，都必須保持某種程度的禮節。」

《莊子．山木篇》記載：春秋末年，孔子因某些原因再次被逐出魯國，無奈之下他只得在宋、衛等國流浪，到處受到冷落，朋友們也漸漸與他疏遠了。孔子在歷經此挫折之後，向隱者請教：是什麼原因形成這種窘境呢？

隱者告訴他：「君子之交淡如水，小人之交甘如醴。人與人相交，以勢力相合的人，在窮迫禍患之際，必然負心相棄。不計較勢力，真正的朋友才能夠長相處。」

水是人們日常生活中不可或缺的東西，雖然它沒有誘人的芳香，卻讓人常飲不厭；甜酒雖然美味可口，卻容易使人陶醉。朋友之間的關係若達到最高境界，那就是一種極純真的平淡關係，平平淡淡才是真。

北宋宰相司馬光推薦劉元城到集賢院供職。有一天，司馬光向劉元城說：「你知道我為什麼推薦你嗎？」劉元城答：「是因為我和先生往來已久吧！」原來，劉元城中了進士後，並沒有馬上進入仕途，而是跟著司馬光學習了一段時間。司馬光說：「不對。是因為我賦閑在家的時候，每到時令節日，你都會來信或者親自來看我，問候不斷。可是我當宰相以後，你卻沒有一封書信來問候我，這才是我推薦你的緣故。」

朋友之交，並不是因爲對方的財富地位，也不是因爲對方出眾的容貌，而是一種心靈的接受，一種精神世界的相通。也許是一個偶然的相識，也許很普通，普通的讓人沒有覺得有什麼不同。真正的朋友不是找機會就麻煩、打攪對方，而是靜靜地遠距離注視著對方，只在他需要時能及時伸出援助之手。

這就是「淡如水」的君子之交。君子之交，源於互相寬容和理解。在這理解中，互相不苛求，不強迫，不嫉妒，不黏人。所以在常人看來，就像白水一樣的淡。

距離產生美，雖然好朋友可以親密無間、朝夕相處，但也應給彼此留一個適度的空間。要尊重對方，不要妄意打探朋友的隱私，對朋友不願多說的事不刨根問底，更不能在朋友面前說三道四。每個人都有自己相對獨立的生活，而有人卻總想介入朋友的生活，這種行爲就好像緊靠在一起取暖的兩隻愚蠢的刺蝟，爲了得到彼此的溫暖，卻忘記了自己身上長滿了利刺。可想而知，牠們得到的結果一定是將對方刺得遍體鱗傷，把自己也扎得體無完膚。

朋友間應保持適當的距離，懷著關切的目光在旁邊靜靜地注視，默默地關心。絕不過多干涉對方的生活，只在對方需要的時候挺身而出，爲對方排憂解難，像一場及時雨一樣滋潤著朋友的心田，令對方倍感輕鬆，這才是真正的朋友。

朋友之情再深，也不必天天黏在一起，因爲相距越近，越容易挑剔對方的缺點和不足，忽視對方的優點和長處，長期下去，會導致雙方矛盾摩擦甚至斷交。對朋友要「敬而無失」，如果朋友之間保持一定的距離，可以使朋友彼此忽視對方的缺點，而發現對方的優點和長處，並對對方有所牽掛，這樣友誼就易於維持下去。

如果兩個好朋友在事業上能夠志同道合，在生活上能夠互相關心，而在私人生活上又能相對獨立，彼此不打擾對方喜歡的生活，那才是一種高尚的友誼。

2 交友要秉持「寧缺毋濫」的原則

人生得一知己足矣，斯世當以同懷視之。

——魯迅贈瞿秋白

如果交上好的朋友，不僅可以得到情感的慰籍，而且彼此之間也可以互相砥礪，相互激發，共赴患難，成爲事業的基石。朋友之間，無論志趣上、品德上還是事業上，總是互相影響的。

一個人一生的道德與事業，都不可避免地受到身邊人的影響。從這個意義上，可以說選擇能讓自己上進的朋友就是選擇一種積極向上的人生。

天文學家張衡的成就，與他身邊一批優秀的朋友有著極大的關係。張衡在青年時代便與當時極有才華的青年人馬融、竇章、王符、崔玻成了知己。其中崔玻對天文、數學、曆法都很有研究。在與崔玻的交往中，兩個人經常一起探討學術問題，這給張衡的幫助很大。張衡後來在天文學、物理學方面的偉大成就，崔玻有著不少功勞。

的確，朋友不是用數量來衡量的。就算你有一堆朋友，如果這些人個個都是酒肉之徒，那麼他們非但不會給予你任何幫助，可能還會把你拖下水，這樣的朋友不要也罷。

所以，結交有益的朋友是十分必要的。洪應明說：「教弟子，如養閨女，最要嚴出入，謹交遊。若一接近匪人，是清淨田種下一不淨的種子，便終生難植嘉禾矣。」

朋友與書籍一樣，好的朋友不僅是良伴，也是我們的老師。年輕人之所以容易失敗，是因爲不善於和前輩交際。

第一次世界大戰中法國的陸軍元帥福煦曾說過：「青年人至少要認識一位善通世故的老年人，請他做顧問。」薩加烈也說了同樣的話：「如果要求我說一些對青年有益的話，那麼，我就要求你時常與比你優秀的人一起行動。就學問而言或就人生而言，這是最有益的。學習正當地尊敬他人，這是人生最大的樂趣。」

當然，要與優秀的人締結友情，跟第一次就想賺百萬美元一樣，是相當困難的事。這原因並非在於偉人們的超群拔萃，而在於你自己容易忐忑不安。其實，事實並不像通常所想像得那麼困難，你完全可以無所顧慮地和地位較高的人親近。

美國有一位名叫亞瑟・華卡的農家少年，在雜誌上讀了一些大實業家的故事後，想知道得更詳細些，並希望能得到他們對後來者的忠告。於是，他跑到紐約，早上七點就到了威廉・亞斯達的事務所。

亞斯達覺得這個莽撞的少年有點討厭，然而一聽少年問他「我很想知道，我怎樣才能賺得百萬美元？」時，他的表情便柔起來。倆人談了很久，隨後亞斯達還告訴他，他應該去訪問哪些其他實業界的名人。

華卡照著亞斯達的指示，遍訪了一流的商人、總編輯及銀行家。他得到的忠告也許對他賺錢沒有多大幫助，但是他們給了他自信。兩年後，二十歲的華卡成為他當學徒時的那家工廠的所有者。廿四歲時，他成為一家農業機械廠的總經理。不到五年的時間，他就如願以償地擁有百萬美元的財富了。

結交成功的前輩，能轉變一個人的機會和命運；結交比自己優秀的朋友，能使我們更加成熟。所以，要想有所成就，就要多結交比自己優秀的人。

不少人總是樂於和比自己差的人交際，因爲在與這樣的人交往時，你可以在同對方的比較中獲得自信，保持優越感和信心。可是從不如自己的人那裏，顯然是學不到什麼的，它會讓你喪失掉前進的動力，看不到自己與優秀之人的差距，成爲一隻坐井觀天的青蛙。

所以，我們要多和那些人格、品行、學問、道德都勝過自己的人交往，儘量汲取種種對自己生命有益的東西。這樣才可以提高我們的理想和志向，激勵自己更趨於高尙，激發出我們對事業更大的熱情和幹勁來。

當然，友誼也不是一廂情願的事，朋友之間必須是互動的，你只有不斷提升自己，才能在更高層次上結交更高的朋友。要交朋友，更要重視朋友，做任何事情，千萬不能以犧牲友誼爲代價。即便是失去一點點社會地位，或影響到自己的事業，也要讓友誼之花常開。一個人的成功、快樂和價值的體現，往往與你擁有朋友的多少，以及他們的品質有關。結交到比你優秀的朋友越多，你就離成功越近。

清末名人曾國藩說過：「一生之成敗，皆關乎朋友之賢否，不可不慎也。」和優秀的朋友在一起，是一種精神文化的延伸。可以讓自己增加知識，增長見識，增大胸懷，是快樂的源泉。所以，我們要多結交優秀的朋友、能讓自己上進的朋友，而對那些讓我們停滯不前的人要避而遠之。

3 不念舊惡，不計前嫌

人之侮我也，與其能防，不如能化。
——弘一法師

朋友之間，要有點「不念舊惡」的精神，況且人與人之間，在許多情況下被誤以爲「惡」的，又未必就真的是什麼「惡」。退一步說，即使是「惡」，只要對方心存歉意，誠惶誠恐，你就應該不念惡，以禮義相待，對他格外地表示親近，也會使爲「惡」者感念你誠，改「惡」從善。

唐朝的李靖曾任隋煬帝時的郡丞，最早發現李淵有圖謀天下之意，於是他就向隋煬帝檢舉揭發。李淵滅隋後要殺李靖，李世民極力反對，再三求情保了他一命。後來，李靖馳騁疆場，征戰不疲，安邦定國，爲唐王朝立下赫赫戰功。魏徵也曾鼓動太子李建成殺掉李世民，李世民登基後同樣不計舊怨，量才重用，使魏徵覺得「喜逢知己之主，竭其力用」，也爲唐王朝立下豐功。

宋代的王安石對蘇東坡的態度，應當說也有那麼一點「惡行」的。王安石當宰相時，因為蘇東坡與他政見不同，便藉故將蘇東坡降職減薪，貶官到了黃州。然而，蘇東坡胸懷大度，根本不把這事放在心上，更不念舊惡。王安石被罷官後，兩人的關係反倒好了起來。蘇東坡不斷寫信給隱居金陵的王安石，或共敘友情，或互相勉勵，或討論學問，十分投機。蘇東坡由黃州調往汝州時，還特意到金陵看望王安石，受到了他熱情的接待，二人結伴同遊，促膝談心。臨別時，王安石囑咐蘇東坡，將來退休時，要來金陵買一處田宅，好與他永做睦鄰。蘇東坡也滿懷深情地感慨說：「勸我試求三畝田，從公已覺十年遲。」二人一掃嫌隙，成了知心好朋友。

有一句名言說「生氣是用別人的過錯來懲罰自己。」老是念念不忘別人的壞處，實際上最受其害的就是自己的心靈，搞得自己痛苦不堪，何必呢？這種人，輕則自我折磨，重則就可能招致瘋狂的報復了。

樂於忘記是成大事者的一大特色。只有既往不咎的人，才可以甩掉沉重的包袱，大踏步地前進。

喬治．羅納是一位優秀的律師。由於工作的關係，他認識了很多人，也結交了很多朋友。第二次世界大戰時，他逃到了瑞典。因為通曉幾國的語言，他很容易就找到了一份書記員的工作。在瑞典，他依然保持著自己愛交朋友的習慣，沒過多久，他就有了一批很好的新朋友。

他的一位朋友很愛出去旅行。一次，他和那位朋友一起出去旅行，到達了沙漠。開始的時候他們走得很順利，但不幸的是，車子半路上拋錨了，他們不得不棄車步行走出茫茫的大沙漠。他們步履艱難，走得很辛苦，因為沙漠裏不僅乾熱，而且不時有風沙迷住他們的眼睛。

惡劣的環境讓他的朋友變得暴躁起來，他開始不斷地抱怨，而喬治也埋怨朋友不該選擇這樣危險的地方旅行。他們越說越氣憤，最後吵了起來。朋友咆哮著：「喬治，如果我手裏有一支槍，我一定要打爆你的頭。」喬治．羅納沒有回擊，而是冷靜下來，他蹲下身，在沙子上寫下一行字：某年某月某日，布蘭克對著我發火，說要打爆我的頭。一陣風沙吹過，那行字很快就消失得無影無蹤了。

歷經艱難之後，他們終於走出了沙漠。有一段時間，他們再也沒有來往過。但冷靜下來後，他們都覺得自己做得不對。於是，在一次酒會上，他們又走到了一起。那位朋友舉杯對喬治道歉說：「喬治，對不起，都是我太衝動了，我真不該對你發那麼大的火。而且把你帶到沙漠裏旅行是我考慮不周，幸好我們都活著回來了。」喬治也舉杯檢討了自己的過錯。然後，他拿起一把小刀在一塊石頭上刻下一行字：某年某月某日，布蘭克和我互相檢討自己，我們友誼長存。

布蘭克奇怪地問道：「喬治，你為什麼那天在沙子上寫字，而今天在石頭上刻字呢？」喬治．羅納認真地回答：「愛要刻在石頭上，而恨要寫在沙子上，這是為了讓我們記住愛，而忘記恨。沙子上的字很容易就被風吹掉，就像我心上沒有留下任何痕跡一樣，而石頭上的字，是無論如何不會磨滅的，它見證著我們之間的愛和友誼。」

我們每一個人都應該有這樣的胸襟，因爲愛是我們心頭最值得紀念也最值得珍藏的回憶。將愛刻在心裏，我們的生活才會變得更加陽光。恨則不過是拂上心頭的一陣風，吹過了也就煙消雲散，並不值得介懷。當愛長存心底的時候，我們的生命便會更加精彩。

4 要留餘地，看破不一定點破

處事須留餘地，責善切戒盡言。

——弘一法師

生活中，對於那些做了不妥之事的人，即使我們已經看破對方的心思，也要把握好分寸，給對方留點面子，最好是不要點破。在交際中，一般應儘量避免觸及對方的敏感區，避免使對方當眾出醜。

《菜根譚》中有「待人而留有餘，不盡之恩禮，則可以維繫無厭之人心；御事而留有餘，不盡之才智，則可以提防不測之事變」一說，說的就是凡事留有餘地的道理。

魏王的異母兄弟信陵君，是「戰國四公子」之一，知名度很高，其門客更是達三千人之多。

一天，信陵君正在宮中和魏王下棋，忽聽下人報告說北方國境升起了狼煙，可能有敵人來襲。魏王即刻準備召集群臣共商應敵之策，而信陵君卻不慌不忙地說：「先別著急，或許是鄰國君主在打獵，我們的邊境哨兵一時看錯，誤以為敵人來襲，所以升起煙火，以示警戒。」

過了一會兒，又有報告說是鄰國君主在打獵。

魏王很驚訝：「你怎麼知道這件事情？」信陵君很得意地回答：「我在鄰國布有眼線，所以早就知道鄰國君主今天會去打獵。」

從此，魏王便疏遠了信陵君，信陵君也漸漸失去了魏王的信賴。晚年的信陵君沉溺於酒色，鬱鬱而終。

一個人知道了別人不知道的事，難免會產生一種優越感，對於這種旁人不及的優越，我們必須懂得有些事心裏明白即可，不一定非得說出來。即使你能看透對方的內心，也不要點破，更不要胡言亂語，到處宣揚，因爲這樣很可能會給自己造成生存危機。

有的人，在與人交流的時候，絲毫不考慮別人的感受，想怎麼說就怎麼說，就連別人避諱的敏感問題，也要窮追不捨，最後往往是不歡而散。但是如果你能給別人留有一定的餘地，在別人不想說的時候停止追問，或者適時地轉移話題，這樣不但獲得別人的感激，同時也會得到別人的尊重。

5 以同道為朋

君子與君子以同道為朋，小人與小人以同利為朋。

——歐陽修《朋黨論》

正所謂「物以類聚，人以群分」。人們在交往中，如果發現彼此志趣相投，自然會成爲知己好友。相反，如果隨著交往的深入，發現雙方的價值觀有著天壤之別，即使彼此已經非常熟識，也會因爲這種觀念上的差異而分道揚鑣。

管寧和華歆在年輕的時候，是一對非常要好的朋友，經常一起吃，一起住，一起讀書。有一次，他倆一塊兒在地裏鋤草，管寧挖到了一塊黃澄澄的金子，但他卻一點也不在意。將金子扔在一邊後，他繼續鋤草。華歆看到了忙跑過來，激動地拿在手裏看，滿臉盡顯貪婪之色。管寧責備華歆說：「錢財應該是靠自己的辛勤勞動去獲得，一個有道德的人不該貪圖不義之財。」華歆不贊同他的說法，卻也不好意思說什麼。

又有一次，他倆坐在一張席子上讀書。忽然聽見外面鼓樂之聲一片，分外熱鬧。他們兩個走到窗前一看，原來是一位達官顯貴從這裏經過。管寧就回到原處繼續讀書，華歆卻完全被這種大場面吸引住了，他書也不讀了，跑到街上去看個仔細。管寧看到華歆的行為很失望。

等華歆回來後，管寧拿出刀子把他們共同坐的席子從中間割成兩半，痛心地宣佈：「我們兩人的志向和情趣太不一樣了。從今往後，我們就像這被割開的草席一樣，再也不是朋友了。」

人們對和自己相似的人比較看得上眼，也容易成為朋友。相反，如果志趣不投，人和人就不容易成為朋友；即使本來是朋友，一旦發現志趣各異，也會變成陌路人。所謂「道不同不相為謀」，志趣迥異的兩個人，無論相識多久，都如同兩條平行線，不管靠得多近，永遠也沒有交心的那一天。

心理學上把這稱作相似性原則：人們往往喜歡那些與自己相似的人。這裏的相似是指人們能感知到的相似性，包括信念、價值觀、態度和個性品質的相似性，外貌吸引力的相似性，年齡的相似性，以及社會地位的相似性等。

心理學家認為，跟自己相似的人交往能夠肯定我們自己的信念、個性品質和價值觀，起到正面強化的作用。彼此在交往的過程中，也極少因為觀念相悖而發生爭執和相互傷害。此外，一些相似的人容易組成一個群體，人們生活在這個群體中，可以團結一致對付外界的阻力，增強安全感和歸屬感。

假使我們來到一個陌生的環境，發現自己與周圍人格格不入，也不妨嘗試著「僞裝」一下自己，表現出與他們相同的特質，這樣就會更容易被他們所接納。

十九世紀的畫家梵谷出生於一個基督教牧師的家庭。廿五歲時，他來到比利時南部的礦區博里納日傳教，那裏的人們都以做礦工謀生，穿著破爛的衣服，滿臉煤灰。剛到那裏的時候，梵谷擔心自己不被他們接納。

一天，梵谷到礦區撿了很多煤渣用來燒爐子。回來之後，因為時間緊迫，他還沒來得及清洗滿臉的煤屑，就登上講壇開始佈道。出乎意料的是，他的這次佈道很成功，受到人們的普遍歡迎。當他回到住處，準備洗臉的時候，猛然從鏡子中看見臉上沾著一層厚厚煤屑的自己。「原來如此，」梵谷說道，「這就是他們認可我的原因所在。」從那以後，梵谷每天都往臉上塗些煤灰，使自己看起來更像當地人。

在人際交往中，若能與那些與自己相似的人交往，則可以幫助我們在極短的時間內獲得真正的友情。另外，在與自己相異的人交往時，如果想要與對方建立起和諧的關係，我們不妨嘗試著「求同存異」，儘量表現出自己與對方相似的一面。

當我們與他人初次見面時，通常會詢問對方「是哪裏人，學什麼專業，在哪裏高就」等一些問題。一問之下，發現彼此竟是同鄉、同行、校友，親切之感頓時倍增，自然消除了陌生人之間的隔閡。很多人擔心和陌生人交談時，找不到共同的話題，其實人與人之間或多或少會有些相似的地方。比如相似的經歷、對某件事情的共同看法、喜好同一件東西，等等。只要你用心觀察，或許就會發現你們原來喜歡同一種顏色，對同一本小說情有獨鍾，有一部電影讓你們二人都曾經潸然淚下，喜歡午後到同樣的一家咖啡廳裏喝咖啡……

慢慢地，隨著談話的深入，你會發現兩人之間相似的地方越來越多，氣氛也會愈來愈融洽。當對方對某件事發表了與你相似的看法，或者講述了一段與你相似的經歷時，你要適時地來一句：「我也是這麼想的，你與我真是太投緣了！」「太巧了，我也去過那裏。」有時，只要這麼簡短的一句話，就能夠拉近彼此的心理距離。

於千萬人之中能夠遇見你，就是一種緣分。然而一次投緣的談話，卻能讓你們知道彼此間有那麼多相似的地方，於是原本萍水相逢的兩個人，只覺相逢恨晚。

【第九課】

清心寡欲，美德名譽自然成

當生活越簡單時，生命反而越豐富，
尤其是少了欲望的羈絆，
我們才能夠從世俗名利的深淵中脫身，
感受到自己內心深處的寬廣和明淨。

1 謹防欲望「出頭」

知足常足，終生不恥。知止常止，終生不辱。
——弘一法師

弘一法師認爲：「欲望是人痛苦的根源，因爲欲望永遠不能被滿足。我們要做的是儘量將自己的生活簡單化，減少對物質的過多依賴，簡簡單單的生活會讓人覺得神清氣爽。當然，我們不能要求每個人都做到無欲，但至少我們可以在簡化自己生活的過程中，減少自己的欲望。由此我們會明白，即使缺少一些東西，我們的生活還是一樣過得很好，甚至更快樂。」

在東京西郊有一座寺院，因為地處偏遠，香火一直不旺。後來，這裏來了一位新住持。這位住持很奇怪，剛到寺院就開始修剪寺院周圍那些雜亂無章、恣肆張揚的灌木。其他僧侶不知住持意欲何為，便向他求教，住持卻笑而不答。

一天，有一位富翁路過此地，住持接待了他。喝完茶之後，住持陪富翁四處轉悠。行走間，富翁問他：「人怎樣才能清除掉自己的欲望？」

住持微微一笑，給了他一把剪刀：「只要反覆修剪這些樹，你的欲望就會消除。」富翁照著做了，一炷香的時間後，富翁發現身體輕鬆了很多。可是平日堵在心頭的那些欲望好像並沒有放下。他向住持說出了自己的感受，住持淡然地告訴他：「經常修剪就好了。」

從那以後，富翁每隔一段時間就來寺院修剪灌木。直至把灌木修剪成了一隻大鳥的形狀。後來，住持問他是否已懂得了如何修剪心中的欲望。富翁誠實地告訴他，雖然每次修剪的時候都能氣定神閑，了無掛礙。但是回到生活圈子之後，心中的欲望依然會膨脹到幾乎失控。

住持歎道：「施主，其實我建議你來修剪灌木只是希望你每次修剪前，都能發現原來剪去的部分又會重新長出來。這就像我們的欲望，不可能完全把它消除，我們能做的，就是盡力把它修剪得更美觀。放任欲望生長，就會像這滿坡瘋長的灌木一樣醜惡不堪。只有經常修剪，才能使它們成為一道悅目的風景。對於名利，只要取之有道，用之有度，利己惠人，就不應該將其看作是心靈的枷鎖。」

富翁大悟。此後，越來越多的香客開始來到這裏修剪「欲望」，寺院周圍的那些灌木也越來越美麗壯觀。

欲望如樹，生生不息，永無止盡，令人瘋狂。太多的欲望將會使人失去心靈上的自由，成爲心靈的負累，如果再任由它如野草般瘋長的話，必定會把原本清淨、安寧的空間全部擠佔，讓自己變成純粹的欲望動物，陷入越來越多的煩惱與不安之中。

當生活越簡單時，生命反而越豐富，尤其是少了欲望的羈絆，我們才能夠從世俗名利的深淵中脫身，感受到自己內心深處的寬廣和明淨。

2 敬守本心，別讓虛榮害了你

敬守此心則心定，儉抑其氣則氣平。

——弘一法師

美好幸福的生活是靠腳踏實地的勤勞去獲取的，那種靠投機取巧而牟取暴利之徒，只圖一時之快，最終活在心不安、理不得的噩夢之中。

弘一法師說：「君子也好，凡夫俗子也罷，取財之道都必定是遵紀守法、符合做人的原則和品行的，任何存在僥倖冒險心理的行爲必將會付出沉重的代價，只有通過自己誠實勞動得到的錢財，才能獲得心中的坦然。」

戰國時期，齊國國王派人給孟子送來了一個箱子。孟子打開一看，裏面竟然裝的全是金子。孟子立刻叫住來人，堅持讓來人將這箱金子抬回去。

第二天，薛國國王派人送來了五十鎰金，這回孟子欣然接受了。孟子的弟子陳臻把這一切都看在心裏，覺得非常奇怪，忍不住問道：「為什麼老師昨天不接受齊國的金子，今天卻接受薛國的金子呢？如果說你今天的做法是對的，那麼你昨天的做法就是錯的；如果今天的做法是錯的，那麼昨天的做法就是對的。可到底哪個是正確的呢？」

「我自然有我的道理。薛國周邊曾經發生過戰爭，薛國國王請求我為他的設防之事出謀劃策，今天他送來的這些金子是我應該得到的。至於齊國，我從來都沒有為他做過什麼事情，這一箱贈金到底有何含義，我不清楚。但有一點是可以肯定的，那就是齊國想收買我。可是，你何曾見過真正的君子有被收買的？」孟子解釋說。陳臻似有所悟：「原來辭而不受或者接受，都是根據道義來決定的啊！」

當今社會，雖然貧窮容易叫人看不起，但是「打腫臉充胖子」一定比貧窮更讓人看不起。也許，沒有錢做什麼都難，但千萬不能因爲錢而迷失自己的本性，更不能爲了面子而去做些傻事。

3 素位而行，安分守己

君子素其位而行，不願乎其外。

——孔子

這話的意思是說，君子要安於現在所處的地位去做應做的事，不生非分之想。

弘一法師解釋說：素位而行，近於《大學》裏面所說的「知其所止」。換句話說，就叫做安守本分，也是人們常說的安分守己。這種安分守己是對現狀的積極適應與處置，是什麼角色，就做好什麼事。要量力而行，不可好高騖遠，「這山望著那山高」的結局是撿了芝麻丟了西瓜，甚至可能連芝麻也會丟了。

人能守本分，才能盡本事。但是很多人只是想展現自己的本事，希望得到更多人的羨慕和稱讚，以滿足自己的虛榮心，卻不願守住本分，最終導致他們的人生走向脫序違規。

一位年輕的賣魚郎靠賣魚維持生計。有一天，他在集市上一面吆喝，一面環視四周，注意看是否有人來買魚。突然，一隻老鷹從空中俯衝而下，從他的魚攤叼了一條魚後立刻轉身飛向空中。賣魚郎生氣地大喊大叫，可老鷹絲毫不把他放在眼裏，最後他只能無奈地看著那隻老鷹越飛越高、越飛越遠……

賣魚郎氣憤地自言自語：「可惜我沒有翅膀，不能飛上天空，否則一定不放過你！」那天他回家時，經過一座地藏廟，他就跪在地藏廟裏，祈求地藏王菩薩保佑他變成老鷹，能展翅於天空。從此以後，他每天經過地藏廟的時候，都會進去虔誠地祈禱。

一群年輕人看到他天天向菩薩祈求，就好奇地議論起來，其中一人說：「這位賣魚的人，每天都希望能變成一隻老鷹，可以飛上天空。」另一人說：「哎喲，他光這樣傻傻地祈求，要求到何時？不如我們戲弄戲弄他！」大家交頭接耳起來，如此這般，想出了一條妙計。

第二天，其中一位年輕人提前躲在地藏王菩薩像的後面。賣魚郎如期而至，照樣虔誠地祈求、禮拜。這時，躲在菩薩像後面的那位年輕人就說：「你求得這麼虔誠，我要滿足你的願望，你可以到村內找一棵最高的樹，然後爬到樹上往下跳試試看。」

賣魚郎一聽菩薩顯靈了，異常興奮，忙點頭稱是。然後他欣喜地跑進村裏找了一棵最高的樹，按照地藏王菩薩的指示，爬到了樹上。那棵樹實在太高了，他越往上爬，越覺得害怕，不過為了能像老鷹一樣飛翔，他堅持向上爬。

終於，他爬上了樹頂，向下看：「哇！這麼高！我真的能飛嗎？」

那群年輕人站在大樹底下，故意七嘴八舌地說：「你們看，樹上好像有一隻大老鷹，不知道牠會不會飛？」「既然是老鷹，一定會飛了！」

賣魚郎聽了心裏很高興，他想：我果然已變成了一隻老鷹！既然是老鷹，哪裏有不會飛的呢？於是他展開雙手，擺出展翅欲飛的姿勢，縱身一躍，跳了下來。可是，他沒有像想像的那樣飛向廣闊的藍天，而是飛快地向地面墜落……最後幸好落在水草之中，才保住了一條性命。

那些年輕人跑過來，幸災樂禍地取笑他。他說：「你們笑什麼？我是兩隻翅膀跌斷了，不是飛不起來啊。」那些年輕人指著他，一個個笑得前仰後合說不出話來。

一個人要守本分，才能盡本事，若只想逞能顯本事，卻沒有守好自己的本分，不自量力地去做超越自己能力的事，結果就會像這位賣魚郎一樣，自食其果。

所以，不要去妄想什麼，只問自己該做什麼吧——這就是素位而行，安分守己。「分」是本分，「己」是指自己活動的範圍，安分守己的意思就是指規矩老實，守本分。而在這個日新月異的時代，又有多少人是規矩老實、堅守本分的呢？越來越多的人不能素位而行，不能安分守己，他們心存妄想，逞強好勝，只知道羨慕甚至嫉妒別人，最終才導致失敗，完全是咎由自取。

4 饑則食，渴則飲，睏則眠

一動於欲，欲迷則昏。一任平氣，氣扁則戾。

——弘一法師

佛家勸解世人：「饑則食，渴則飲，睏則眠。」而現在很多人卻是不饑則食，不渴而飲，不睏則眠，而是爭先恐後，貪婪地追逐著金錢要比別人多，汽車要比別人高級，住宅要比別人豪華……

俄國作家托爾斯泰寫過一個故事：

有個農夫，每天早出晚歸地耕種一小片貧瘠的土地，但收成很少。一位天使可憐農夫的境遇，就對農夫說：「只要你能不斷往前跑，凡是你跑過的地方，不管多大，那些土地就全部歸你所有。」

於是，農夫興奮地向前，一直不停地跑！當跑累了，想停下來休息時，便想到了家裏的妻子、兒女，養活一家人需要更大的土地來耕作，需要賺更多的錢。於是，他又拚命地往前跑！直到最後上氣不接下氣，實在跑不動了！

可當農夫想停下來時，他又想到將來自己年紀大了，可能乏人照顧、需要錢，就再打起精神，不顧氣喘不已的身子，繼續奮力向前跑！

最後，他體力透支，「咚」地一聲倒在地上，死了！

古代波斯詩人薩迪曾說過：貪婪的人，他在世界各地奔走。他在追逐財富，死亡卻跟在他背後。

的確，人活在世上，必須努力奮鬥。但是，當我們爲了自己、爲了子女、爲了有更好的生活而不斷地「往前跑」、不斷地「拚命賺錢」時，也要清楚的知道有時該是「往回跑的時候了」！

生活總會有遺憾，也正因爲存在遺憾，我們對未來才有期待，期待未來能夠彌補我們一個答案。正如那尊斷臂的維納斯雕像，它的殘缺成就了它的流芳百世，反而讓人覺得它是如此的美麗，充滿了令人遐想的魅力。而這是人們從心裏真正放棄了對它完美的追求換來的。外在的放棄只能讓人接受教訓，心裏的放棄才能讓人得到解脫。生活中的垃圾既然可以不皺一下眉頭就輕易丟掉，情感上的垃圾又何必抱殘守缺呢？

法國大文豪維克多・雨果，十七歲那年與門當戶對、年輕貌美的阿黛・富謝訂婚，二十歲時兩人便結婚了。阿黛是個畫家，為雨果生了三個男孩兩個女孩。這本應是個幸福的家庭，可是在他們婚後的第十年，阿黛遇到一位作家，她對這位作家十分仰慕，最終追隨他而去。這使雨果十分痛苦，身心備受打擊。第二年，他結識了女演員茱麗葉．德魯埃，兩人很合得來，隨即墜入了愛河，這才使雨果那顆受傷的心得到了撫慰。

阿黛．富謝離開雨果後，生活得並不幸福。他們的經濟一度十分拮据，幾乎到了舉步維艱的地步。一次，她精心製作了一隻刻有雨果、拉馬丁、小仲馬和喬治．桑四位作家姓名的木盒，到街頭出售，可是因為要價太高，很多天都無人問津。一天，雨果從那兒經過看見了，就托人過去悄悄地買了下來。這只木盒現在仍陳列在巴黎雨果故居展覽館裏。

愛是無私的，同時也是自私的。什麼時候該自私，什麼時候該無私，自己心中應該有數。雨果能夠做到靜觀、坦然，是因爲他明白如今的自己已經放下了曾經的羈絆，從心底放開了，所以他收穫了人生中第二份美好的愛情。

往者不可諫，來者猶可追。已經消逝的就讓它存留在記憶的最深處，把它當作自己人生歷史書中的一頁，瀟灑地翻過去，繼續前行，尋找自己人生中最美的香格里拉。

歌德說過：「歡樂無窮又悲苦欲絕，一如情感，一如生活。」生活本來就是由很多混合的味道組成的，甜和苦，酸和辣。是誰說「快樂是膚淺的，只有痛苦是深刻的」？牢記快樂的人生才是灑脫，快樂的記憶是重新開始的動力之源。活在痛苦的記憶中，人生難免充滿了挫折感和失落感，生活的勇氣從何而來？不就是從快樂中而來！

那麼，快樂的奧秘何在呢？首先在於忘掉一切煩惱，使自己虛懷若谷。遺忘是快樂的先行者，假如把心比做一個茶杯，這個茶杯首先保有「空」的狀態，快樂的茶水才能倒進去。否則，內心煩惱痛苦已經滿溢，還能存進何物呢？

5 正本清源，魄力與慈悲並存

心不妄念，身不妄動，口不妄言，君子所以存誠。內不欺己，外不欺人，上不欺天。

——弘一法師

弘一法師說：「常人多以爲魄力與慈悲無法並存，體諒別人就一定是弱者。事實上，人格成熟者嚴於律己，寬以待人。在需要表現實力時，不落在損人利己者之後，這是因爲他有悲天憫人、與人爲善的胸襟。」

從前，有兩個非常饑餓的人得到了一位長者的恩賜：一根魚竿和一簍子鮮活碩大的魚。其中，一個人要了一簍子活魚，而另一個人則要了一根魚竿，於是他們分道揚鑣。

得到魚的人就在原地用乾柴搭起篝火烤起了那些鮮活的魚。魚烤好以後，他隨即狼吞虎嚥起來，還沒等他品出鮮魚的肉香，轉眼間就連魚帶湯吃了個精光。可是魚畢竟是有限的，沒過幾天，他就把魚全部吃光了。不久，得到魚的人便餓死在了空空的魚簍旁了。

而另一個得到魚竿的人，則提著他的魚竿朝海邊走去。他忍饑挨餓走了好幾天，當他終於能看到遠方蔚藍的大海時，他卻用盡了渾身的最後一點力氣，再也走不動了。最後他也只能倒在了他的魚竿旁，帶著無盡的遺憾離開了人間。

同樣，又有兩個饑餓的人，得到長者同樣的恩賜：一根魚竿和一簍魚。但他們沒像前兩個人那樣分完東西後就各奔東西，而是商定共同去尋找大海。他們兩個帶著魚和魚竿踏上旅程。在路上，他們每次只吃一條魚，經過艱難的跋涉，他們終於來到大海邊。從此，兩人開始了捕魚為生的日子，幾年後，他們蓋起了自己的房子，有了各自的家庭和子女，有了自己建造的漁船，過上了安定幸福的生活。

我們可以從故事中發現，同樣是面對著一根魚竿和滿簍的魚，四個人卻有著不同的表現：前兩個人只顧眼前利益，得到的只是暫時的滿足和長久的悔恨；後兩個人卻很有智慧，懂得人生的幸福在於目標存高遠但立足於現實，於是兩個人合作，發揮了魚竿和一簍子魚的雙重功效，最後過上了自己所希望的幸福生活。

合力雙贏不是更好嗎？既可以發展自己，也可以讓自己得到最大的好處。真正的成功並非壓倒別人，而是追求對各方都有利的結果。經由互相合作，互相交流，使獨自難成的事得以實現。這便是富足心態的自然結果。

人要想潛移默化扭轉損人利己者的觀念，最有效的方式莫過於讓他們與利人利己者交往。此外，還可閱讀發人深省的文學作品與偉人傳記，或觀看勵志電影。當然，正本清源之道還是要向自己的生命深處去探尋。

建立在利人利己觀念上的人際關係，都有厚實的「感情帳戶」為基礎，彼此才會互信互賴。於是個人的聰明才智可專注於解決問題，而非浪費在猜忌設防上。這種人際關係並不否認問題的存在或嚴重性，也不強求泯滅各方分歧，只強調以信任、合作的態度面對問題。

然而合理的關係若不可得，與你交手的人偏偏堅持雙方不可能都是贏家，那該怎麼辦？在任何情況下，利人利己都不是易事，更何況是和自私自利的人打交道，但是問題與分歧終究要解決。這時候，制勝的關鍵在於擴大個人影響力：以禮相待，真誠地尊敬與欣賞對方的人格、觀點，投入更多的時間進行溝通，多聽而且要認真地聽取別人的看法，並勇於說出自己的意見。以實際行動與態度讓對方相信：你由衷希望雙方都是贏家。

利人利己是人際關係的最大挑戰，它追求的已不止是完成談判或交易，更要發揮感化的力量，使對手以及彼此的關係都能脫胎換骨。縱然少數人實在不容易說服，我們還可選擇適當妥協，有時為了維持難得的情誼，不妨有所變通。當然，好聚好散也是一種選擇。

在一般人的觀念中，競爭的狀態應就該是以你死我活的結局收場。甚至當競爭發展到最激烈的時候，和平競爭會突發為惡性競爭，直至兩敗俱傷。但有一部分人的觀念卻與此相反，他們希望競爭的雙方都能夠在整個過程中獲利，在競爭中求合作，在合作中求生存。共贏是他們追求的最高境界，而具備這種觀念的人才可能成爲最大的贏家。

利人利己可使雙方互相學習、互相影響及共謀其利。要達到互利的境界必須具備足夠的勇氣及與人爲善的胸襟，尤其與損人利己者相處更需要這樣。培養這方面的修養，少不了過人的見地、積極主動的精神，並且應以安全感、人生方向、智慧與力量作爲基礎。

我們都應該具備這樣的觀念，在競爭與合作中讓自己活得更充實。也只有在這種觀念的引導下，才不至於讓競爭變得生硬而不可調和。這種觀念決定了我們的生存狀態和個人成就。

【第十課】

低調處世，少一些貪心貪欲

鋒芒太露，必遭人忌。
不要把自己看得過於了不起，
更不要稍有成就便得意忘形。
該收斂時就收斂，夾起尾巴好做人，
切勿光芒晃人眼。

1 花要半開，人要「半醉」

良賈深藏若虛，君子盛德容貌若愚。
——老子

老子曾經說過：善於做生意的人，總是隱藏其寶貨，不叫人輕易看見；君子品德高尚，外表卻往往顯得愚笨拙劣。在這裏告誡世人：「花要半開，人要半醉。」有才華是好事，但不能作爲炫耀的資本。既要顯露才華，又要明哲保身，這才是爲人處世、人際交往之上策。

弘一法師說：「我們知道，凡是鮮花盛開嬌豔的時候，就要立即被人採摘而去，這也是它衰敗的開始。」我們也知道，在武術中有一高難度拳術，即「醉拳」。「醉拳」的厲害，在於一個「裝醉」，表面上看來歪歪扭扭，不堪一擊，其實是「形醉而神不醉」，醉醺醺之中卻暗藏殺機，就在對方麻痹大意之時，以迅雷不及掩耳之勢發動反擊。

所以才有「花要半開，酒要半醉」之說，人生在世，也是這個道理。若才華橫溢，聰明絕頂自然是好事，但同時也要懂得內斂，學會裝醉。不然，當你志得意滿，目空一切的時候，別人會把你當成槍靶子、眼中釘。

春秋時期，鄭莊公準備伐許。戰前，他在國都組織比賽，準備挑選先行官。眾將一聽露臉立功的機會來了，都躍躍欲試，準備一顯身手。

第一項目是擊劍格鬥。眾將都使出渾身解數，只見短劍飛舞，盾牌晃動，鬥來衝去，好不熱鬧。經過輪番比試，最終選出六個人參加下一輪比賽。

第二個項目是射箭。取勝的六名將領各射三箭，以射中靶心多者為勝。前四位有的射中靶邊，有的射中靶心。第五位上來射箭的是公孫子都。他武藝高強，年輕氣盛，向來不把別人放在眼裏。只見他搭弓上箭，三箭連中靶心。然後他昂著頭，瞟了最後那位射手一眼，退了下去。

最後那位射手是個老人，鬍子有點花白，他叫穎考叔，曾勸莊公與母親和解，莊公十分看重他。穎考叔上前，不慌不忙，三箭射擊，也連中靶心，與公孫子都射了個平手。

比賽只剩下這兩個人了，莊公派人拉出一輛戰車來，說：「你們二人站在百步開外，同時來搶這部戰車。誰搶到手，誰就是先行官。」哪知跑了一半時，公孫子都腳下一滑，跌了個跟頭。等爬起來時，穎考叔已搶車在手。公孫子都哪裏服氣，提了長戟就來奪車。穎考叔一看，拉起車來飛步跑開，莊公忙派人阻止，宣佈穎考叔為先行官。

公孫子都對此事懷恨在心。穎考叔果然不負莊公之望，在進攻許國都城時，手舉大旗率先從雲梯上爬上許都城頭。眼見穎考叔大功告成，公孫子都嫉妒得心裏發疼，竟抽出箭來，搭弓瞄準城頭上的穎考叔射去，一下子把穎考叔射了個「透心涼」，從城頭上栽了下去。

穎考叔的死是因爲他鋒芒太露的緣故。鋒芒太露的人雖容易取得暫時成功，卻往往也爲自己掘好了墳墓。當你施展才華時，也就埋下了危機的種子。所以，做人切記恃才自傲，不知收斂。

所以，即使你有非常出衆的才智，也一定要謹記：鋒芒太露，必遭人忌。不要把自己看得過於了不起，更不要稍有成就便得意忘形，以爲自己絕頂聰明。殊不知樹敵太多，事事必受他人阻擾。該收斂時就收斂，夾起尾巴好做人，切勿光芒晃人眼。

2 不過分貪戀名利

功成，名遂，身退，天之道也。

——老子《道德經》

萬事萬物不能長久地存在而不衰退，所謂盛極之後，必然會轉衰。弘一法師借用了老子《道德經》中一句話：「功成，名遂，身退，天之道也！」他認為一個人成就了功業，建立了名望，就應該收斂身退，這才是天地之道。

人生在世，誰都希望能夠做出一番驚天動地的大事業來。孟子說：「窮則獨善其身，達則兼濟天下！」在這種理念的宣導下，無數的儒家學子投入了「兼濟天下」的洪流當中，這原本是好的，然而在濟世的過程中，大多數人都漸漸被名利所牽絆，即使是功成名就之後，依然對這些戀戀不捨，不能抽身而退。

范蠡與文種都是越國名臣，在越國打敗吳國後，范蠡深知盛名之下難久居，所以明智地選擇了功成身退，「自與其私徒屬乘舟浮海以行，終不反」。他還遣人致書文種，謂：「飛鳥盡，良弓藏；狡兔死，走狗烹。越王為人長頸鳥喙，可與共患難，不可與共樂，子何不去？」文種未能聽從，不久果被勾踐賜劍自殺。

與之類似的還有韓信與張良，兩人位屬「漢初三傑」之列，為高祖建漢立下赫赫功勳。張良深知功高震主的道理，所以天下安定後，他便託辭多病，閉門不出，漸漸消除自己的影響，甚至拒絕了劉邦封王的獎賞，只請封了個萬戶侯，最後得以善終。而被稱為「功高無二，略不世出」的韓信卻因為自恃功高，不知收斂，最後被誅三族。

功成身退是自然之道，符合天地自然的規律，人如果只知道一味前進，不懂得收斂退守，那結果只能是盛極而衰。正如《易經》所云：「亢龍有悔，盈不可久也。」

秦國的丞相李斯，功勞卓著，但在秦二世二年七月，他卻因遭趙高誣陷，被處腰斬於咸陽市。臨刑的時候，他對自己的兒子說：「吾欲與若復牽黃犬俱出上蔡東門逐狡兔，豈可得乎！」

此時，在李斯的眼中，什麼功名利祿都比不上陪著兒子牽著黃狗到上蔡東門外去打獵，可惜他明白得太晚了。

一般人在最初的時候大都懷著一顆赤子之心在做事，然而隨著時間的推移，自己做的事情越多，就越覺得付出不能白費，應該得到相應的回報，立的功勞越大，這種想法也就越強烈。於是在功成名就之後，很多人就貪戀名利，不肯輕易離去。而這種求權求利的心態正是當權者所忌諱的，殺身之禍也因此而引上身來。只有那些能夠看得開現實，把理想作爲人生目標的人，才能躲過這樣的災難。他們的退隱無異於給當權者吃了一顆定心丸，一個對他人沒有威脅的人自然可以保全自己。

在古代，功成身退是明哲保身的辦法，到了現代就沒有必要這樣做了。但借鑒功成身退的做法，對我們的人生也是有幫助的。在單位裏，儘量做到不爭功，方能顯示出自己的博大胸懷，也才能贏得更多人的讚賞，這算是一種以退爲進的策略。同時，在我們事業有成的時候，也要學會見好就收，不可過於貪心，該收手的時候就要學會收手，否則，很可能會使我們多年的努力一夜之間化爲烏有。

3 小事愚，大事明

以淡字交友，以聾字止謗；以刻字責己，以弱字禦侮。

——弘一法師

人的一生精力有限，若對什麼事都斤斤計較，那就太累了，不如學會「抓大放小」，小事糊塗而大事精明，這樣既顯得寬容大度，又能保全自己。小事愚，大事明。對於個人來說是一種很高的修養。所謂愚，並非自我欺騙或自我麻醉，而是有意「糊塗」。該糊塗的時候，就不要顧忌自己的面子、學識、地位、權勢，一定要「糊塗」。而該聰明、清醒的時候，也一定要聰明。由聰明轉「糊塗」，由「糊塗」再轉聰明，能做到這點，你必能不為煩惱所擾，不為人事所累。

宋代宰相呂端是位名臣。他在小事上很會「裝糊塗」，而在大事上，特別是在需要做決斷時，又十分聰慧和果敢。

當宋太宗病危時，內侍王繼恩忌恨太子英明過人，私下裏同參知政事李昌齡等人合謀打算立楚王元佐為王位繼承人。宰相呂端到宮禁中去探問皇帝的病情，發現太子不在皇帝身邊，懷疑其中有變，就在笏上寫了「病危」二字，命令親近可靠的官員送往太子處，請他馬上入宮侍候。

太宗死後，李皇后讓王繼恩召呂端進宮。呂端知道情況有變化，馬上哄騙王繼恩，讓他領著自己進書閣檢查太宗生前所賜的親筆詔書，並把詔書鎖起來後才入宮。呂端入宮拜見皇后，皇后對他說：「先皇駕崩，繼承皇位當以長子為先，這是順理成章的事。」

呂端卻說：「先帝立太子，正是為了今天。現在先帝剛剛離去，難道就可以違抗天子的旨意，在皇位繼承人的問題上提出別的說法嗎？」於是擁護太子繼承王位。新君宋真宗繼承皇位後，在舉行登基大典時，在座位前垂下帷簾接見群臣。呂端站在殿下，先不拜天子。而是請求天子卷起帷簾，他上殿仔細看過，認清了的確是原太子，才走下臺階，帶領群臣拜見天子，高呼「萬歲」。

所以呂端小事上的「糊塗」，是「裝糊塗」，也是大智若愚。平時不耍小聰明，只在必要時才表現出大智的一面——見識和決斷。

人的一生不必太較真，遇大事的時候分清輕重，精明一些，小事就糊塗一點，這樣才能活得自在坦然。

小事「糊塗」。說的是對工作、生活中非原則性的小事，要學會用一個字「懶」，就是「懶得去聽」，「懶得去看」，即便請你也不要去。不去聽，自然耳不聽、心不煩。不去看，自然是眼不見爲淨。如果聽見了就裝作沒聽見；看見了，就裝作沒看見，而且在思想上要真心當作一點不知道那樣泰然處之，在嘴巴上也真正當作一點不知道那樣從不談及。

學會裝作不懂，說的是對一些無傷大雅、無關大局的問題，最好不去過問，即便知道了，也裝做從未發生。裝不知運用一個字「懶」，裝不懂則要運用一個「傻」字。

這種「小事糊塗」的做法，不僅是處世的一種態度，亦是健康長壽的秘訣之一。一個人每天或多或少都要被一些或大或小的事情糾纏，生活中有些矛盾其實很難避免。如果一個人遇事總是過分計較，一味地追究到底，遇事都要硬討個「說法」，煩惱和憂愁便會先自「說法」而來，久而久之，不利於身心健康。

4 匹夫之勇要不得

天下之勇者，不在勇而在怯。

——弘一法師

辦事要量力而行，對自己做不到的事，要說明情況，不要勉爲其難。亂逞英雄、匹夫之勇都是修爲不夠的行爲，這樣做和一個沒有理智的莽夫沒有區別。

「匹夫之勇」這個成語，最早出現在《孟子》一書。「匹夫」這個詞，在中國古代社會中專指普通平民男子，而「匹夫之勇」這個成語卻帶有貶義的色彩，意思是逞強鬥狠、不計後果地蠻幹。據《孟子．梁惠王下》記載：

有一次齊宣王對孟子說：「我有個毛病就是喜歡『勇』」。孟子聽了這話後心想：人君不可無勇。「勇」並不是壞毛病，問題在於如何正確地看待「勇」。於是便回答說：「勇，有小勇、大勇之別，希望大王不要好小勇，而要養大勇。」

那麼，什麼是小勇，什麼是大勇呢？孟子說：「像一個人手握利劍，瞪大眼睛，高聲吼道：『誰敢抵擋我！』這就是匹夫之勇，是只能對付一人的小勇。而當國家面臨強敵和霸權時，能像周文王、周武王那樣敢於一怒而率眾奮起抵抗，救民於水火之中，所謂『文王一怒而安天下之民』。這就是大勇。」

從孟子的這段話中可以看出，匹夫之勇，是無原則的衝動，是只憑拳頭和武力的血氣之勇。而大勇則是孔子所說的義理之勇，也就是基於正義的勇敢。只要正義存於我方，縱使對方有千軍萬馬，也會勇往直前，大義懍然，無所畏懼。

北宋著名文學家蘇軾，在他的《留侯論》一文中進一步發揮了孟子的這個觀點。文中寫道：「匹夫見辱，拔劍而起，挺身而鬥，此不足爲勇也。天下有大勇者，卒然臨之而不驚，無故加之而不怒。此其所挾持者甚大，而其志甚遠也。」

這段話的意思是說，在面臨侮辱和冒犯時，一般人往往會一怒之下，拔劍相鬥，這其實談不上是勇敢。真正勇敢的人，在面臨突然地侵犯時，總是鎮定不驚。而且即使是遇到無端的侮辱，也能夠控制自己的憤怒。這是因爲他胸懷博大，修養深厚。

春秋時，越王勾踐敗於吳王夫差，被吳國囚禁三年，受盡了屈辱。回國後，他決心自勵圖強，匡復越國。

十年過去了，越國國富民安，兵強馬壯，將士們再一次向勾踐請戰：「君王，越國的四方民眾，敬愛您就像敬愛自己的父母。現在，兒子要替父母報仇，臣子要替君主報仇。請您再下命令，與吳國決一死戰。」

勾踐答應了將士們的請戰要求，把軍士們召集在一起，向他們表示決心說：「我聽說古代的賢君不為士兵少而憂愁，只是憂愁士兵們缺乏自強的精神。我不希望你們不用智謀，只憑個人的勇敢。這一戰，希望你們能夠步調一致，同進同退。前進的時候要想到會得到的獎賞，後退的時候也要想到會受到的處罰。這樣，就會得到應有的賞賜。進不聽令，退不知恥，會受到應有的懲罰。」

到了出征的時候，越國的士兵都互相勉勵。大家紛紛表示：有這樣的國君，誰能不為他效死呢？由於全體將士鬥志十分高漲，最終打敗了吳王夫差，滅掉了吳國。

項羽雖然是一個失敗的英雄，但司馬遷卻稱讚他說：「當年秦國政治腐敗，百姓紛紛起來反抗。項羽前後只花了三年時間，就把秦國滅掉，然後將得來的天下分封給各王侯貴族，成為稱雄一方的霸主。雖然最後他失去了霸主的地位，但是他的功績偉業，近古以來還沒有人能做得到。」

而劉邦做了皇帝以後，在洛陽宮擺設筵席宴請群臣的時候說：「我之所以能成功，順利取得天下，是因為能夠知道每個人的特長，並且也懂得如何讓他發揮長處。」然後他問韓信對自己的看法，韓信回答說：「您很清楚自己各方面的才能與長處，因此您其實心裏明白，說到機智與才華，其實您是不如項王的。不過我曾經當過他的部下，對於他的性情、作風、才能瞭解得比較清楚。項王雖然勇猛善戰，一人可以力敵幾千人，但是卻不知道如何用人，因此他雖擁有一些優秀的賢臣良將，卻都沒能讓他們好好發揮各自的專長。所以項王雖然很勇猛，卻只是匹夫之勇，做事不懂得深謀遠慮，三思而行。而您任用賢臣勇將，把天下分封給有功勞的將士，使人人心悅誠服，所以天下終將成為您的。」

所以，無論做什麼事，都不要逞匹夫之勇，只有這樣才能更好地保護自己。水往低處流，那是一種迂迴和策略。正因爲水肯於在大山的阻隔下改道，最終才會贏得「青山遮不住，畢竟東流去」的美譽。先發制人固然快意，後發制人則更加有力。「小不忍則亂大謀」，爲了大謀，就要忍得眼前的羞辱，因爲「留得青山在，不怕沒柴燒」。

自古以來，因一時之氣，做出不自量力的傻事，鑄成敗局的事例不計其數，韜光養晦才是出奇制勝的良策。

看過電視劇《漢武大帝》的人都知道，匈奴之患一直是秦漢時期的噩夢。西漢初期國弱民貧，面對匈奴步步緊逼和挑釁，當權者暫且忍氣吞聲，以和親等安撫政策與之周旋，同時加緊實施富國強兵的政策。直到漢武帝時期，西漢王朝如日中天，終於等到了出兵時機。衛青、霍去病率大軍穿草原、跨沙漠，萬里征戰十餘年，將匈奴剿殺得元氣盡喪。至此，匈奴之患基本從中國歷史上消失。如果西漢從一開始就與匈奴硬拚，恐怕被滅掉的就不是匈奴而是西漢了。

匹夫之勇是一種盲動冒進，英雄之忍卻是一種戰術迂迴。避其鋒芒，韜光養晦，才能積蓄力量，把握戰機，後發制人。英雄之忍可以鑄成大事，匹夫之勇只會貽笑大方。

生活中，當我們面對無端的責難、百般的嘲諷、不平的待遇以及一切我們難以忍受的苦楚時，請發揚「流水不爭先」的隱忍精神，多一些理智，少一些魯莽，走好人生的每一步！

5 改過宜勇，遷善宜速

省察以後，若知是過，即力改之。諸君應知：改過之事，乃是十分光明磊落，足以表示偉大之人格。故子貢云：「君子之過也，如日月之食焉。過也人皆見之，更也人皆仰之。」又古人云：「過而能知，可以謂明。知而能改，可以即聖」。諸君可不勉乎。

——弘一法師

古語曰：「人非聖賢，孰能無過？」事實上非但是常人，即使是聖賢亦不能無過。堯薦舉了舜，而舜曾殺堯之子丹朱。至聖至賢如孔子者，也出有「子見南子」的緋聞。只是聖賢比常人更善改過遷善，所以才顯得比常人偉大而英明。清人陳宏謀說：「過則勿憚改。過者，大賢所不免，然不害其卒爲大賢者，爲其能改也。」

古人云：「過而不改，是謂『過』矣。」改過遷善，是任何人在任何時候都可以而且必須遵守和施行的原則。尤其是對於那些所謂的「浪子」，意義更爲重大。古人亦有「蓋世功勞，當不得一個矜字，彌天大罪，當不得一個悔字」之言，民諺中更有「浪子回頭金不換」的說法，這都是有無數的事例可以印證的。

「改過宜勇，遷善宜速。」這是古人的經驗之談。許多人有自識的能力，但是如果只是停留在自識階段而不落實於行動，那也只能是自我作繭式地品味痛苦。在日常生活中，也有許多看似毫不起眼的小事，在破壞著一個人的形象。

例如，一位老師當眾訓斥了他的一位學生，事後知道搞錯了，卻又羞於當眾承認。結果時間久了，他在學生中的威信也就逐漸降低。所以，如果你做錯了一件事，說錯了一句話，最好的彌補方法，就是儘快對他說一聲「對不起」，並且想好一種彌補的方式。比如燒焦了一鍋飯，最好的方法是馬上倒掉重燒，而不是僵立在那兒等家人回來再笨嘴拙舌地解釋；雨天拿錯了別人的傘，必須立刻歸還。所有自己做錯的事，要有勇氣算在自己的頭上，也要有勇氣不找任何藉口，立刻就改正之。

古時的皇帝曾經以下「罪己詔」的方式，收攏民心，重振自己的形象。且不說它權術的成分有多少，能夠堂堂正正地承認自己的錯誤，表示自己悔改的意向，非但不會因暴露醜惡而使自己失了面子，反而會因爲你的坦率、誠實而贏得人們對你的敬佩和尊重。

【第十一課】

待人如沐春風，律己需帶秋氣

成功，
與人的性格、心胸、知識都沒有必然的聯繫。
在成功人士身上，只有一點是共同的，
那就是：負責！

1 責任是心的「強壯劑」

小心安命，埋頭任事。欲當大任，須是篤實。謀事不可不慎，見事不可不明，處事不可不恭，任事不可不勇。明世相之本體；負天下之重任。

——弘一法師

人生開始於你完全願意對自己的命運負責之時。因爲除了自己之外，沒有人可以對發生在你身上的事情負責。所謂獨立，是指對自己負完全的責任，刻苦耐勞，有擔當，有遠見。

弘一法師認爲：「一個人在生活中扮演什麼角色並不重要，重要的是我們要怎樣去演。只要盡了職責，你便可以將結果留給自然。每一個生命都有責任，我們的過咎，不在於所爲之惡，而在於未行之善。盡力做好每一件事，實乃人生之首務。」

有人做過一項統計。在近二十年的世界五百強企業中，從美國西點軍校畢業出來的董事長有一千多名，副董事長有兩千多名，總經理或董事這一級的管理者有五千多名。世界上也許沒有任何一家商學院能夠培養出來這麼多的頂級人才。爲什麼培養出這些企業領導人的不是商學院，而是一所軍校呢？

我們來看看西點新生的第一課——「不管什麼時候遇到學長或軍官問話，只能有四種回答：『報告長官，是』；『報告長官，不是』；『報告長官，沒有任何藉口』；『報告長官，我不知道』。除此之外，不能多說一個字！」

這四種回答，是西點軍校奉行的最重要的行爲準則。看起來似乎很絕對，很不公平，但是人生也並不是永遠都公平的。西點軍校之所以這樣做，就是要讓學員明白：無論遭遇什麼樣的環境，都必須學會對自己的一切行爲負責！

成功，與人的性格、心胸、知識都沒有必然的聯繫。在成功人士身上，只有一點是共同的，那就是：負責！

2 郵差可按兩次鈴，機會只敲一次門

要吃梨子得到梨樹下，不要到椰樹下。每個人的際遇似乎都是命定的。然而，其中仍有無數的轉機是取決於個人。我們每一個人、每一個靈魂，都是善與惡的交戰地。不論是危機或轉機，能讓人學到經驗的就是好機會。

——弘一法師

西方諺語說：「每個人的一生中，幸運女神都至少會來敲一次門。只是很多人當時都在隔壁酒館，沒聽見她的敲門聲。」

日本三洋電機的創始人井植歲男講過這樣一個真實的故事：

一天，他家的園藝師傅對他說：「社長先生，我看您的事業越做越大，而我卻像樹上的蟬，一生都坐在樹幹上，太沒出息了，您教我一點創業的秘訣吧。」井植點點頭說：「行！我看你比較適合園藝工作。這樣吧，在我工廠旁有兩萬坪

空地，我們來合作種樹苗吧。」

「樹苗一棵多少錢能買到呢？」「四十元。」井植又說，「一百萬元的樹苗成本與肥料費用由我支付，以後三年，你負責除草施肥工作。三年後，我們就可以收入六百多萬元的利潤，到時候我們每人一半。」聽到這裏，園藝師卻拒絕說：「哇，我可不敢做那麼大的生意！」最後，他還是選擇在井植家中栽種樹苗，按月拿工資，白白失去了致富良機。

機會是一種稍縱即逝的東西，而且它的產生也並非易事。因此，不可能每個人在任何時候都有機會可抓。在機會來臨前，我們能做到的就是：等待，等待，再等待。

傳說，有兩個人偶然與酒仙邂逅，獲得傳授釀酒之法：米要端陽那天飽滿起來的，水要冰雪初融時的高山流泉，把二者調和後，注入用深幽無人處的千年紫砂土鑄成的陶甕，再用初夏第一張看見朝陽的新荷葉封緊，密閉七七四十九天，直到雞叫三聲後方可啟封。

就像每一個傳說裏的英雄一樣，他們歷盡千辛萬苦，找齊了所有的材料，把夢想一起調和密封，然後潛心等待那個時刻。殊不知，這是多麼漫長的等待啊！

第四十九天到了，兩人整夜都不能寐，等著雞鳴的聲音。遠遠地，傳來了第一聲雞鳴，過了很久，依稀響起了第二聲。然而，該死的第三聲雞鳴遲遲沒有來。其中一個再也忍不住了，他打開了他的陶甕，迫不及待地嘗了一口，就驚呆了：天哪！像醋一樣酸。大錯鑄成，已不可挽回了，他失望地把酒灑在了地上。

而另外一個人，雖然也是按捺不住想要伸手，卻還是咬著牙，堅持到了第三聲響亮的雞鳴。他迫不及待地舀出來一抿，大叫一聲：「多麼甘甜清醇的酒啊！」

只因沒有堅持等到最後一刻，佳釀變成了「醋水」。許多富人與窮人的區別，往往不是抓住機遇或是擁有更聰明的頭腦，只在於他們多堅持了一刻——有時是一年，有時是一天，有時，只是幾分鐘。

從上面兩個故事我們可以看出，要想及時準確地把握機會，你要具備兩個必要的條件：

其一，你應該具有長遠的目光，即超前思維，不要鼠目寸光；

其二，你必須有鍥而不捨，持之以恆的毅力和百折不撓的信心。

卡耐基有這樣一段關於機會的話：「不要以爲機會像是一個到家來的客人，她在你門前敲著門，等待你開門把它迎接進來。恰恰相反，機會是不可捉摸，無影無形，無聲無息的，她有時潛伏在你的工作中，有時徘徊在無人的角落裏，你如果不用苦幹的精神，努力去尋求、創造，也許永遠得不到她。」

機遇帶有很大的隱蔽性與時效性。人人都能預見到的並不是「機遇」，錯過時間的也不是「機遇」了。俗話說，「機不可失，時不再來」，就是這個道理。一個成功的百萬富翁說：「看到機會，並不意味著它會自動地轉化爲鈔票——其中還必須有其他因素。簡單地說，你除了必須看到它之外，還必須能夠抓住它。」

大的機遇不可能天天遇上，但小的機遇卻常常出現在我們的身邊。這些機遇既沒有太大的風險，又能爲你展示才能提供機會。千萬不要錯過這些看似微小的機遇，因爲一個人儘管很有才能，各方面都很棒，也還需要一個展示才華的舞臺。

「是金子總要發光」，這話固然不錯。但是，如果你不主動去尋找「發光」的機遇，可能就要錯過出人頭地的時機，或許一生都將被埋沒。我們的機遇是平等的，誰抓住了機遇，誰就有獲得成功的希望。機遇不是很多，但也不是很少。它總是同向或逆向地與我們擦肩而過，偶爾會在一瞬間閃爍一下。我們每一個人一生下來，就已經擁有了最大的機遇——你自己就是自己最好的機遇。只要點亮自己的燈，不管外面是不是有可以借助的燈光，我們都可以把自己照亮！

3 職場即「道場」，工作即「修行」

一日不作，一日不食。
——弘一法師

普通人對禪的認識的最大誤區之一，就是把做事與修行分開。弘一法師說：「有人以爲參禪，不但要摒絕塵緣，甚至工作也不必去做，認爲只要打坐就可以了。其實不做工作，離開生活，哪裏還有禪呢？不去實踐，哪裏還能悟呢？不管念佛也好，參禪也好，都不要爲自己的懶惰找藉口。靠自己的雙手去生活，比依賴別人要踏實得多。」

有一天，一位禪師看到地下不很清潔，就自己拿起掃帚來掃地，許多弟子見了，也過來幫掃。不一時，地面就被掃得十分乾淨。

有一次，一個弟子生了病，沒有人照應，禪師就問他說：「你生了病，為什麼沒人照應你？」

那弟子說：「從前人家有病，我不曾去照應他；現在我有病，所以人家也不來照應我了。」

禪師聽了這話，就說：「人家不來照應你，就由我來照應你吧！」接著，禪師就將那病了的弟子的髒衣服洗濯得乾乾淨淨，並且還將他的床鋪整理得整整齊齊，然後扶他上床。

弘一法師說：「佛不像現在有的人，什麼事都要人家替他做，自己坐著享福。只要有高尚的志向，就沒有做不到的事情。」弘一法師出家後，生活過得異常清苦，粗茶淡飯，有時甚至食不裹腹，但他從來沒有因此就隨意地麻煩別人。他說：「佛家修行也講究『習勞』，『習』是練習，『勞』是勞動。」

弘一法師還強調：「人，上有兩手，下有兩腳，這原是爲勞動而生的。若不將他運用習勞，不但空有兩手兩腳，就是對於身體也一定有害無益。勞動原是人類本分上的事，不唯我們尋常出家人要練習勞動，即使到了佛的地位，也要常常勞動才行。」

弘一法師認爲，禪是一種生活的藝術，也是一種生活的方式。職場，即是道場；工作，即是修行。如同藝術來源於生活卻高於生活一樣，每一件偉大藝術作品的靈感都是從生活中所汲取的，沒有人能脫離開生活創作出偉大的作品。同樣地，一個人只有在工作中實踐、磨鍊，才有可能獲得感悟，繼而去開創屬於自己的一片天。

4 做事要抓住問題的核心

泛交則多費，多費則多營，多營則多求，多求則多辱。

——弘一法師

《勸忍百箴》中認爲：顧全大局的人，不拘泥於區區小節；要做大事的人，不追究一些細碎小事；觀賞大玉圭的人，不過分在意它的小疵；得巨材的人，不爲其上的蠹蛀而怏怏不樂。因爲一點瑕疵就扔掉玉圭，就永遠也得不到完美的美玉；因爲一點蠹蝕就扔掉木材，天下就沒有完美的良材。

有一則關於「伯樂相馬」的故事。秦穆公對伯樂說：「您的年紀大了，那您的家裏有能去尋找千里馬的人嗎？」伯樂回答說：「好馬可以從外貌、筋骨上看出來。但千里馬很難辨識，其特點若隱若現，若有若無，我的兒子們都是才能低下的人，我可以告訴他們什麼是好馬，但沒有辦法告訴他們什麼才是真正的千里馬。我有一個朋友，名字叫九方皋。他相馬的本領不比我差，請您召見他吧！」

於是秦穆公召見了九方皋，派遣他去尋找千里馬。三個月之後，九方皋回來了，他向秦穆公報告說：「千里馬已經找到了，現在沙丘那個地方。」穆公問他：「是一匹什麼樣的馬呢？」九方皋回答說：「是一匹黃色的母馬。」

秦穆公派人去取，結果是一匹公馬，而且是一匹黑色的公馬。秦穆公非常不高興，於是將伯樂召來，對他說：「真是糟糕極了，您讓我派去的那個尋找千里馬的人，連馬的顏色和雌雄都分辨不出來，又怎麼能知道是不是千里馬呢？」

伯樂長歎一聲說道：「他相馬的本領竟然高到了這種程度！這正是他超過我的原因啊！他抓住了千里馬的主要特徵，而忽略了牠的表面現象；注意到了牠的本領，而忘記了牠的外表。他看到他應該看到的，而沒有看到不必要看到的；他觀察到了他所要觀察的，而放棄了他所不必觀察的。像九方皋這樣相馬的人，才真正達到了最高的境界！」

那匹馬牽回來後，秦穆公才發覺這果然是天下難得的千里馬。

很多男人常常會埋怨陪伴妻子或女友買東西，既費時間，又很勞累。因爲她們不是對花紋不滿意，就是對式樣百般挑剔，又或者覺得雖然式樣勉強過得去，可惜質料實在不行。經常因爲各種因素而猶豫不決，結果空手而歸。其實，這些問題並非只有婦女才有，男人在工作或讀書的時候，也會由於某種原因而產生這種迷惑。

當一個人對某事猶豫不決時，就會發生如上的迷惑或彷徨。這時候，如果能針對自己的目的，抓住核心問題來研究，就可以發現一條排除迷惑的大道。例如，你要選購西裝，不妨先明確地限定是何種顏色、款式、材質，如果決定以顏色爲主，那麼款式和材質就可以作爲次要考慮的條件。只要抓住重點來研究，自然能果斷地做出選擇，而且以後也不會遭到別人的埋怨，自己更不會後悔。

5 學會適應

未有事事如意者。一言一事之不合，宜自含忍。不得遂輕出惡言，亦不必逢人訴說，恐怒過心回，無顏再見，且恐他友聞之，各自寒心。

——弘一法師

人的一生就像是長途跋涉的旅途，誰沒有經歷過坎坷？誰沒有遭遇過困苦？又有誰沒有面臨過挫折？當殘酷的環境擺在你面前時，你需要做的不是和它硬碰硬，而是想辦法改變自己，從而使磨難看起來不足為道。

一位大師對外人宣稱自己在經過幾十年的修煉後，已經學會了一套「移山大法」。這個消息傳出去後，很多人都慕名前來拜訪學藝，希望可以目睹這一天下「奇觀」的同時，更希望自己也能練就這般「奇術」。可是幾年過後，徒弟們既沒有從他那裏得到一句移山的口訣，也未能目睹大師的移山絕技，都十分失望。

有一次，大師領著他的弟子們來到山谷中講道，他告訴徒弟們：「信心是成就任何事情的關鍵，只要有信心，就沒有什麼不能做成的。」他的一個弟子問道：「既然如此，那麼師父您有信心將對面的那座山移過來嗎？也好讓弟子們開闊一下眼界。」

大師說：「好吧，今天為師就教你們『移山大法』。」只見他盤坐在大山面前，大聲地說道：「山，你過來！」大家都聚精會神地望著那座山，可是大山卻紋絲不動。這時大師站起來跑到山的旁邊，說道：「既然山不過來，那我們就過去吧。」

此時，眾弟子都在笑師父，可是大師卻說道：「這個世界上根本沒有『移山大法』，能移的只是我們的心而已。」聽了此話，眾徒弟方如夢初醒。

是的，「既然山不過來，那我們就過去吧！」這句話看似平凡，卻能夠幫助人們化解許多衝突和困難。當我們用另外一種方法也可以達到目的時，又何苦執著於前一種無畏的努力呢！

雖然人們經常說「有志者，事竟成」，但事實上，想要到達成功的彼岸，僅有意志力是不夠的。很多事情，即使你想到了也未必能夠做到。就像故事中的大山一樣，我們是不可能將它移動的，我們能做的就是自己走過去。倘若人人都抱著「你不過來，我也不會過去」的心態，那我們豈不是要錯過許多風景？

在這個世界上，這樣的「大山」實在是太多了，我們沒有能力移動它，至少暫時是沒能力移動它。那麼，就只能從自身開始做出改變了。

弘一法師說：「假如別人不喜歡你，那麼就不要強迫別人喜歡，只有把自己變得更加完美，才能得到他們的青睞；如果不能說服別人，那麼就不要去埋怨對方的固執己見，只有把自己的口才發揮得更好一些，才能夠得到他們的認可；如果產品不能讓顧客滿意，那麼就不要責怪顧客太過挑剔，將自己的產品再進行完善一下，才能得到他們的承認。」

6 興趣為師，鎖定目標全力以赴

興之所至，心之所安；盡其在我，順其自然。

——弘一法師

對很多人來說，發現自己擅長做的事，是一個比較困難的問題，因爲很多人都是寧可相信別人，也不願相信自己。其實，不必看輕自己，要相信你的能力是獨一無二的。社會上大多數的人，只會羨慕別人，或者模仿別人做的事情，很少有人去認清自己的專長，瞭解自己的能力，然後鎖定目標，全力以赴，所以大多數人都很難成就大事。

據調查，有百分之廿八的人正是因爲找到了自己最擅長的職業，才徹底掌握了自己的命運，並把自己的優勢發揮得淋漓盡致。相反的，有百分之七十二的人正是因爲不清楚自己適合的職業，而做著自己不擅長的事，因此，工作既得不到成就感，又無法在這一行業成爲頂尖人才，更談不上成就大事了。

實際上，這世上的大多數人都是平凡人，但這大多數的平凡人卻都希望自己能有不平凡的作爲，成就一番大事，讓才華獲得賞識，能力獲得肯定，擁有夢寐以求的名譽、地位、財富。但令人遺憾的是，真正能做到的人，似乎少之又少。

從很多例子可以發現，一個人的成就主要來自於他對自己擅長工作的專注和投入。無怨無悔地付出努力，最後才享受到甘美的果實。

瞭解自己的專長，首先要從客觀實際出發，估計一下自己能否勝任某項職業的要求，揚長避短，不要一窩蜂的衝向最熱門的行業，那不一定就適合你。一個人要避免從事自己不感興趣、特別不擅長的工作，否則對自己、對別人都會是莫大的損失。把工作當成一件愉快的事情去做，才能專心致志地投入。

【第十二課】

管理自我的能力——情緒控制

我們總覺得別人的傷害是對自己的侮辱，
以為不還擊就是懦弱的表現。
可是，衝動的背後隱藏著魔鬼，
它會讓你付出慘痛的代價。

1 嘔氣與解氣

喜聞人過，不若喜聞己過；樂道己善，何如樂道人善。

——弘一法師

生活中，憤怒無處不在：夫妻間吵架拌嘴，員工對老闆的抱怨指責，孩子頂撞父母，甚至下班路上的擁堵也能讓我們坐在車裏，一邊狂按喇叭一邊破口大罵……好像心中總裝了無數的煩惱，動不動就來氣，那麼，這些壞情緒到底是誰惹的禍？

弘一法師說：「我們總覺得別人的傷害是對自己的侮辱，以爲不還擊就是懦弱的表現。可是，衝動的背後隱藏著魔鬼，它會讓你付出慘痛的代價。千萬不要給心中那些計較的魔鬼機會，寬容大度的對待一切人和一切事吧，那才是你保護自己，捍衛自己的最佳武器。」

有一個年輕的農夫，划著小船，給另一個村子的村民運送自家的農產品。那天的天氣酷熱難耐，農夫汗流浹背，苦不堪言。他心急火燎地划著小船，希望能加快運送的速度，以便能在天黑之前返回家中。突然，農夫發現前面有一隻小船順流而下，迎面向自己快速駛來。眼看兩隻船就要撞上了，那船卻絲毫沒有避讓的意思，似乎是有意要撞翻農夫的小船。

「讓開，快點讓開！你這個白癡！」農夫大聲地向對面的船吼道，「再不讓開你就要撞上我了！」但農夫的吼叫完全沒用。儘管最後農夫手忙腳亂地企圖讓開水道，但為時已晚，那艘船還是重重地撞上了他的船。農夫被激怒了，他厲聲斥責道：「你會不會駕船，這麼寬的河面，你竟然撞到了我的船上！」

當農夫怒目審視那隻小船時，他吃驚地發現，小船上空無一人。原來他大呼小叫、厲聲斥罵的只是一隻掙脫了繩索，順河漂流的空船。

你看，在多數情況下，當你責難、怒吼的時候，你的聽眾或許只是一隻空船。那個一再惹怒你的人，決不會因爲你的斥責而改變他的航向。

要消除心中的怒火，關鍵還在於自己。就是說，首先你要能自己把握好自己，無論是對是錯，最好先按捺住自己的脾氣，給自己五分鐘的時間想一想，或者安靜一會兒。只要想通了，你會發現滿腔的怒氣正在一點一點地消失。這時，人的心情也就會變得如晴朗的藍天一樣，一切都像是微風輕拂般舒暢。

2 「戒、定、慧」三寶

戒、定、慧是一起作用，缺一不可的。事實上，三者是一體、相等的，猶如階梯彼此連接著一般，如果你要上樓，不能光選擇其中一階，而是整座階梯。身心的收攝就是戒；觀照就是定；見到事物的真理就是慧。任何行動中都含有戒，因為行動本身就要保持穩定和秩序。所有的成功都伴隨著戒、定、慧。

——弘一法師

有四位禪師一起參加禪宗的「不說話」修煉。在四人當中，除了一位道行較淺外，其他三人都是道行較高的老禪師。

在這個「不說話」的修煉過程中必須要點燈，這項任務理所當然就由道行最淺的禪師負責了。修煉開始後，四位禪師圍繞著那盞燈，盤腿打坐，進行修煉。幾個小時過去了，四人都沒有出聲。當然了，他們都在進行「不說話」修煉，沒有人說話算是正常現象。

隨著時間的流逝，油燈中的油越燃越少，眼看就要燃盡了。負責管燈的禪師看到這種情況，心中十分著急。就在這個時候，突然一陣風吹來，燈火幾乎就要熄滅了。

管燈的禪師忍不住大叫道：「糟了！火馬上就要熄滅了。」

聽到禪師的喊叫聲，另一位禪師立刻斥責他說：「你不知道我們在做『不說話』的修煉嗎？你叫什麼！」

第三位聽到後，又氣憤地罵第二個禪師說：「你不也開口說話了嗎？真是太不像樣了！」

而道行最高的第四位禪師仍然在那裏閉目靜坐。可是沒過多久，他就睜開眼睛，傲慢地看了其他三位禪師一眼，自豪地說道：「只有我沒說話。」

三個「得道」的禪師在指責別人「說話」的同時，自己也不知不覺地犯了「說話」的錯誤。就這樣，只是爲了一盞燈，四位參加「不說話」修煉的和尚，先後都開口說話了。可見，一個人要修煉「定力」實在不是一件輕鬆的事情啊！

佛家認爲，「定」是能量，「慧」是有所目標的活動，「戒」是使活動進行平順的根基。專心會使你忘我，進入「定」的境界，產生「慧」的花朵，「戒」、「定」和「慧」共同形成了佛教修行的核心。如果心沒有力量，智慧就不能生起，因爲沒有力量的心，就等於是一顆沒有定力的心。

現代社會的人工作事務繁忙，諸多事情擾心，想要靜下來是很困難的，心無雜念更是不可能，在此向大家介紹幾種方法，也許會對你有所幫助。

學會沉默

本來就不是所有的人都得瞭解你，因此你也沒必要對全世界喊話。也有些時候，你被最愛的人誤解，卻難過到不想爭辯，最後也會選擇沉默。畢竟不是所有的是非都能條列清楚，甚至可能根本就沒有真正的是與非。那麼，不想說話，就不說吧，在多說無益的時候，沉默也許就是最好的解釋。

至少平靜

在你跌入人生谷底的時候，你身旁所有的人都會告訴你：要堅強，而且要快樂。堅強是絕對需要的，但是快樂在這種情形下，恐怕實在是太爲難你。畢竟沒有誰會在跌得頭破血流的時候還會覺得高興。但是至少你可以做到平靜，平靜地看待這件事，平靜地把其他該處理的事處理好。平靜，沒有快樂，亦沒有不快樂。

學會彎腰

因爲和別人發生意見上的紛歧，甚至造成言語上的衝突，所以你悶悶不樂，覺得都是別人惡意爲之。別再耿耿於懷了，回家擦擦地板吧。拎一塊抹布，彎下腰，雙膝著地，把你面前這張地板的每個角落來回擦拭乾淨。然後重新省思自己在那場衝突中所說過的每一句話。之後，你就會發現自己其實也有不對的地方，是不是？漸漸地你也心平氣和了，是不是？

有時候你必須彎腰，因爲這個動作可以讓你學會謙卑。勞動身體的同時，你也擦亮了自己的心緒。況且，你還擁有了一張光潔的地板呢，這是你的第二個收穫。

不要想「如果當初……」

人生是一條有無限多岔口的長路，你永遠都在不停地做著選擇。如果只是選擇吃炒麵或炒飯，影響似乎不大，但若是讀什麼科系、做什麼工作、結婚或不結婚、要不要孩子，每一個選擇都影響深遠，而不同的選擇也必定造就完全不一樣的人生。這時你又會說：「如果當初如何如何，現在就不會怎樣怎樣……」可人生沒有重來的機會。

這種充滿悵然的喃喃自語，還是別再多說了吧。每一個岔口的選擇其實沒有真正的好與壞，只要把人生看成是自己獨一無二的創作，就不會頻頻回首感歎「如果當初……」

努力吧，不管成功與否，至少曾經美麗

漫步林間，你看見一株藤蔓附著樹幹，柔軟與堅實相互交纏，你感動於這靜美的一幕，希望幸福與歸屬能就此駐足。你想：不知未來會有怎樣一番風雨摧折？也許藤將斷，樹會倒；也許天會荒，地將老。你又想：那麼，請時光定格在此刻吧，定格即是永恆。永恆裏若

有這靜美的一刻，未來可能遭遇的種種劫難，便已得到了安慰與報償。

保持單純

因爲思慮過多，所以你常常把自己的人生複雜化了。明明是活在現在，你卻總是念念不忘著過去，又憂心忡忡著未來。堅持攜帶著過去、未來與現在同行，你的人生當然只有一片拖泥帶水。而單純則是一種恩寵狀態，單純地以皮膚感受天氣的變化，單純地以鼻腔品嘗雨後的青草香，單純地以眼睛審視遠山近景如一幅畫，單純地活在當下，而當下其實無所謂是非真假。既然沒有是非，就不必思慮；沒有真假，就不用念念不忘又憂心忡忡。沒有是非真假，不就像在做夢一樣了嗎？單純地把你的人生當成夢境去執行吧，你將收穫到無與倫比的美麗。

偶爾「俗氣」

吃多了健康食品，偶爾你也想啃一啃鴨骨架和鹽酥雞；看多了大師名劇，偶爾你也想瞄一瞄電視連續劇；聽多了古典音樂，偶爾你也想唱一唱愛來愛去的流行歌曲。你當然知道健康食品對健胃理腸有意義，大師名劇對培養氣質有意義，古典音樂對提升性靈有意義，可是你卻並不想讓自己時時刻刻活得那麼有意義。人生不需要把自己綁得那麼緊，偶爾小小地放縱也是不違前道德的。偶爾的俗氣會讓你更平易近人。

控制情緒，別浪費了

今天的你，是不開心的你，因爲有人在言語間刺傷了你。你不喜歡吵架，所以轉身離開。可是你只是離開了那個地方，卻沒有離開被那人傷害的情境，因此你越想越生氣。然而越有氣，你就越沒有力氣去理會別的事情，許多更該用心去做去想去處理的事，就在你漫天漫地的心煩意亂之中，被輕忽被漠視被省略了。只因你一心一意地在生氣。在情緒上做文章，這是對自己的浪費，而且是很壞的浪費。畢竟，生氣也是要花力氣的，而且一定會傷元氣。所以，聰明如你，別讓情緒控制了自己，當你在又要生氣時，不妨輕聲地提醒自己一句：「別浪費了。」

抓住最好的時機，絕不錯過

你曾經買了一件很喜歡的衣裳卻捨不得穿，鄭重其事地將它收藏在衣櫃裏。許久之後，當你再拿出它的時候，卻發現它已經過時了。因此，你就錯過了穿上它的最好的時節。你也曾經買了一塊漂亮的蛋糕卻捨不得吃，鄭重其事將它地收藏在冰箱裏。許久之後，當你再打開它的時候，卻發現它已經過期了。因此，你也錯過了品嘗它的最好時機。

沒有在最喜歡的時候穿上身的衣裳，沒有在最可口的時候品嘗的蛋糕，就像沒有在最想做的時候去做的事情一樣，都是遺憾。生命亦有保存期限，想做的事該趁早去做。如果你只是把你的心願鄭重其事地供奉在心裏，卻未曾去實踐，那麼唯一的結果，就是與它錯過，一如那件過時的衣裳，那塊過期的蛋糕。

偶爾地脫離軌道

某次你搭火車打算到A地去，中途卻忽然臨時起意在B地下了車。也許是別致的地名吸引了你，也許是偶然一瞥的風景觸動了你，總之，你就這樣改變了本來預定的行程，然後經歷了一場充滿驚奇的意外旅行。A地是你原先的目標，B地卻讓你體會了一次小小的冒險。後來回憶起來，你說那是一次令你難忘的脫軌經驗。生命中的許多時候不也是如此嗎？心無旁騖地奔赴唯一的目的，不過是履行了原本的行程而已；離開預設的軌道，你才有機會發現其他的風景。

3 小心看待自己的認知

不被境轉即是真定。不被欲染即是真戒。不被境所轉所染即是真慧。解散亂則正定生，知愚癡則智慧發。

——弘一法師

在生活中，我們每個人都有莫名的生氣，莫名的煩惱，看到什麼都不順眼，做什麼事都提不起精神來的時候，爲什麼會這樣呢？

或許是因爲生活壓力太大，也或許是因爲工作中遇到困難，甚至可能是家裏人出現了什麼意外……看起來，這些都是生氣、煩惱的誘因，但是究其根本，卻是一個人的認知問題。

弘一法師說：「有些人因爲錯誤的認知而痛苦了十幾、二十年，他們總是陷在別人的背叛或是他們對自己的厭惡中，即使對方可能只是出自一番好意。一個錯誤認知的受害者，不但使自己痛苦，也會連累周圍的人。」

大學同學到一個老師家中聚會，本來只是想敘敘舊，可是到了一起後，同學們卻都在抱怨自己的生活如何不如意。有說自己工作不如意的，有說自己感情生活不滿意的，還有說自己身體狀況欠佳的，總之就是沒有一個人是幸福的。

老師看在眼裏，只是笑笑，什麼也不說，然後他拿出一大堆杯子說道：「我就不跟你們見外了，你們自己倒水吧。」

學生們紛紛拿起了杯子，倒上水後握在手中。

這時，老師說話了：「現在，你們手裏每人都拿了一隻杯子，仔細看看，手裏的杯子和桌子上的杯子哪個漂亮些？哪個普通些？這個自然很明瞭，你們手中的杯子都比桌子上的杯子要漂亮些。」

「誰不想自己手裏的東西是最好的呢？」一個同學說。

「可是我們需要的是水，而不是杯子啊！其實這就是你們煩惱的根源。」

老師的一番話，讓大家恍然大悟。

你需要的既然是水，就不要去過多地比較杯子。很多時候，我們常常依照自己錯誤的認知在行事，其實不該如此確定自己的看法是正確的。當看到美麗的太陽時，你可能相信太陽就是現在這個樣子，但是科學家會告訴你，那是它八分鐘前的樣子。因爲太陽與地球相距甚遠，陽光需要花八分鐘才能照到地球。又如看著天上的星星時，你相信它就在那裏，但事實上它可能在一千年、兩千年甚至一萬年前就已經消失了。

有一個女子獨自去旅行，第一站就是攀登名山。當氣喘噓噓的她到達山頂的時候，被眼前美麗的景色陶醉了。立於山巔，所有景色收於眼底，奇峰怪石，煙霧繚繞，美得令人心曠神怡。

都說「無限風光在險峰」，不爬到山頂，怎麼能欣賞到如此美麗的景致呢？她感歎不已，拿著相機不停地拍攝，似乎想把這美麗的景致全記錄下來，天色已晚猶不自知。

下山時，她才發現，原本熱鬧的景區早已經人煙稀少，而原本要搭乘的那輛班車也被自己錯過了。她站在山下，抱著相機長吁短歎，愁眉不展。從山下到自己臨時租住的小旅館，至少有五公里的距離，步行回去最少也要走一個小時，更何況從早晨到現在，她在山上走了整整一天，體力早已耗盡，哪還有力氣再走回去呢？

她坐在路旁，開始生自己的氣。

正想著，一個賣山珍的老人收好攤子，回頭問她：「姑娘，天都黑了，怎麼還不回去，在等人啊？」

她氣呼呼地說：「沒車了，怎麼走？」

老人說：「沒車了，就走回去，生氣有用嗎？」

她說：「走不動了，我在氣自己糊塗。」

老人樂了：「就這事也值得你生氣啊？我問你，你上山幹什麼來了？」

她說：「旅遊，看風景，放鬆心情啊。」

老人說：「這就對了。既然是旅遊，坐車和走路都是旅遊有什麼不同？旅遊為的就是擁有快樂愉悅的心情，你又何必和自己慪氣，自己和自己過不去呢？」

她恍然大悟地點點頭。真的就邁開大步，徒步走回自己租住的小旅館。儘管山裏的夜黑漆漆的，可那是她第一次在山裏走夜路，不一樣的經歷自然就有不一樣的感覺。回到旅館的時間比她原來設想的還提前了一刻鐘。洗漱完畢，她躺在旅館的小床上，透著窗戶，看著天上的彎月，內心有一種從沒有過的安寧。

我們必須非常小心地看待自己的認知，否則就會因此而受苦。你可以試著在紙條上寫著：「你確定嗎？」然後貼在房間，這將對你有很大的幫助。

所以當你生氣、痛苦時，請回歸自身，深入地檢視認知的內涵與本質，檢視你所相信的事。如果能去除錯誤的認知，祥和與幸福的感覺就會在心中浮現，而你也就又有能力重新去愛別人。

4 保持一顆感恩的心

欲得佛法實益，須向恭敬中求。有一分恭敬，則消一分罪業，增一分福慧。

——弘一法師

爲什麼我們不少人，在得到了金錢、地位、名譽之後，並沒有我們想像中的那麼幸福。反倒整天口口聲聲說同事不理解我們，下屬不理解他們，客戶不理解他們，就連父母、妻子、孩子也不理解他們！這其實是一個心態的問題。

當你懷著一顆感恩的心來面對身邊的人和物時，你會感覺到原來世界如此美好。感恩是一種心理互動活動。一個人如果有了一顆感恩的心，就是一個幸福的人。

感恩是一種利人利己的內心責任。很多時候我們對自然、社會、公司、股東、老闆、同事、下屬、客戶，甚至父母妻兒的付出漠然置之，認爲那是自己應該得到的，是天經地義的。其實並非如此。中外歷史上很多英雄豪傑，成在「振臂一呼，應者雲集」，敗在「離心離德，孤家寡人」。所以，感恩其實就是一種利人利己的內心責任——對自己的責任，對親人的責任，對他人的責任，對公司的責任，對社會的責任。

做人要保持一顆感恩的心，無論是在工作中還是在生活中，都應該是這樣的。如對我們的父母要心存感恩，這是因爲他們給予我們生命，讓我們更健康地成長，讓我們放飛心中的理想；對師長心存感恩，因爲他們給了我們許多教誨，讓我們拋卻愚昧，懂得思考，在工作的過程中實現自我；對兄弟姐妹心存感恩，因爲他們讓我們在這塵世間不再孤單，讓我們知道有人可以和我們血脈相連；對朋友心存感恩，因爲他們給了我們友愛，讓我們在孤寂無助時傾訴、依賴，看到希望和陽光。

心存感恩，一句非常簡單的語言卻充滿了神奇的力量，讓那些瑣碎的小事在很短的時間裏變得無比親切起來。

一個工作單位，其實就是一個大家庭。也許每一個人都知道，大家都是這個大家庭的一員，我們努力地工作，努力地生活，爲的是營造美好的未來。生活雖然平凡，但我們有自己的光芒，不妄自菲薄，也不驕傲虛浮，在自己的位置上散發光和熱。正是有了這些平凡而又非凡的人，我們的事業才變得如此璀璨與輝煌。

有位哲學家說過，世界上最大的悲劇或不幸，就是一個人大言不慚地說：「沒有人給我任何東西。」感恩是一份美好的感情，是一種健康的心態，是一種良知，是一種動力。

一位普通的郵差，因其平凡但持之以恆地送給人們快樂的工作，而獲得了日

本政府頒發的國家級獎項——終身成就獎。

終身成就獎在通常的情況下，只授給各界名流、社會精英，授給一位普通的郵差卻是破天荒的事。然而我們都知道，真正的快樂是金錢無法買到的。授予他終身成就獎，皆因他在清苦的工作中，把快樂傳遞給了人們。

郵差每天一大早出門，用自行車馱著報刊和郵件，穿梭於大街小巷。在現代社會的日本，很少有人以此為終身職業，因為這差事辛苦且收入微薄。但他一做就是廿五年，並且沒有放棄的打算。人們這樣評價他：「凡是接受過他服務的居民都很喜歡他，因為他每天都很快樂，居民從他手中拿到信件的時候，也收到了一份快樂。」

每一個人都應該像這位郵差一樣，始終抱著感恩的心，把快樂送給每一個人。作爲管理者，你有信賴的上級對你委以重任，有團結的部屬不遺餘力地工作，有合作愉快的客戶，有那麼多真心爲你的成就喝彩的人……你的感恩之心，會像郵差一樣將快樂送給身邊的每一個人，你也一樣會贏得周圍人的尊敬和信賴。

著名科學家斯蒂芬．霍金說過這樣的話：「我的手還能活動，我的大腦還能思維，我有終生追求的理想，我有愛我和我愛著的親人與朋友，對了，我還有一顆感恩的心……」

對人生懷有感恩之心，是一種值得追求的樂觀豁達的人生態度，我們認可這種追求。但對於給我們造成形形色色的不幸，帶來災難痛苦的逆境的對手和敵人，也要懷有感恩心理。

逆境讓我們學會了刻苦、忍耐、淡泊和寬容，僅從這種負面的角度看問題，將會使我們永遠生活在心靈的陰影之中。可如果換一個角度，我們會發現，逆境和敵人原來也是生活中不可或缺的一部分。

感恩，會使我們在失敗時看到差距，在不幸時得到慰藉。就像換一種角度去看待人生的失意與不幸一樣，對生活時時懷有一份感恩的心情，則能使自己永遠保持健康的心態、進取的信念。

5 掌握自己的正念

心垢滅盡，淨無瑕穢，是謂最明。心公不昧，六賊無蹤。心地能平穩安靜，處處皆青山綠水。

——弘一法師

經科學家研究證明，正向思考時神經系統所分泌的神經傳導物質具有促進細胞生長發育的作用。因爲人體的神經系統與免疫系統是相互關聯的，所以在人們展開正向思考時，身體的免疫細胞同樣也會變得活躍起來，並繼續分化出更多的免疫細胞，使人體的免疫力增強。所以，一個積極面對生活、對身邊一切都採取正面思考的人，更不容易生病，也更容易獲得長壽、健康的人生。

另外研究學者寇菲也指出：在挫折面前，有超過九成的人會有退縮、攻擊、固執、壓抑等反應，而善於運用正向思考的人，有這些反應的比率則低於一成。

美國心理學家馬丁・塞利格曼也曾對修女做過一項關於快樂和長壽的研究。被納入研究範圍的一百八十位修女幾乎都過著有規律的與世隔絕的生活，她們不喝酒也不抽煙，幾乎吃著同樣的食物，都有相似的婚姻和生育歷史，都沒有被傳染過性病，社會地位以及享受到的醫療待遇基本相同，但是這些修女的壽命和健康狀況差別仍然很大。其中有人接近百歲仍然身體健康，而有人則在年過半百時就患病而終。

可見，正向思考帶給我們的力量是由心至身的，也是巨大而不可替代的。它帶給我們無限向上的力量，讓我們即使面對逆境也能保持樂觀、積極的心態，不會因爲遭遇困難而怨天尤人、一蹶不振，更不會鬱悶成疾。

一天，美國前總統羅斯福的家中失竊，損失了很多錢財。一位朋友得到消息後立刻給羅斯福寫了一封信，希望可以安慰他一下。不久，這位朋友就收到了羅斯福的回信，信中寫道：

「親愛的朋友，非常感謝你來信安慰我，我現在很平安，請你放心，而且我還要感謝：首先，小偷偷去的是我的東西，但是沒有傷害到我的生命；其次，小偷只偷去了我家的一部分東西，而不是所有；最後，也是最讓我值得高興的是，做小偷的是他，而不是我。」

這是一個廣爲流傳的故事，羅斯福所列舉出的三條感謝的理由，充分顯示了他作爲正向思考者的特質。這種特質也成爲他深受美國民眾和世界人民尊敬的原因之一。或許誰都不曾想到，這樣一位曾在美國政壇連任四屆總統，並對聯合國的建立做出突出貢獻的政界「奇才」，竟然會是一個從小患有小兒麻痹症的人。羅斯福的一生都閃耀著奪目的光彩，這得益於他的聰慧與勤奮，更得益於他所具備的正向思考特質，正是這種正向思考特質使他充分發揮出了生命的力量，成爲美國歷史上最偉大的總統之一。

可以說，善於正向思考的人更容易獲得命運的垂青，因爲這些正向思考者身上有著一種獨一無二的特質，能夠吸引美好事物的到來。因此，我們瞭解並認識正向思考者所具備的特質，將其與自身相結合，其實也是一個剖析自我、認識自我，並間接完善自我的過程。

【第十三課】

把修煉「口德」放在第一位

弘一法師認為，
人身上最難管住的要算是嘴巴。
因為這嘴巴天生有兩大功能：
一是吃喝，二是說話。
嘴巴最壞事的地方不是吃喝，而是說話；
最難管的，也不是吃喝，而是說話。

1 心不「妄念」，口不「妄言」

安莫安於知足，危莫危於多言。
——弘一法師

說話刻薄的人，常常被別人討厭，有時言語給別人的傷害，比捅別人一刀還痛苦。所以「禦人以口給」，用嘴巴和人對抗的人，常被人討厭。

弘一法師說：「心不妄念，口不妄言，一個人爲什麼管不住嘴巴，是因爲心裏有妄念，由著妄念說話罷了。有人在事業上取得了一定的成績，或者有了一些特殊的優勢，說話就傲氣十足，牛氣沖天，自以爲高人一等，處處唱高調，時時擺身分，想怎麼說就怎麼說，只圖自己痛快而不顧別人的感受，遲早會因失語於人而殃及己身。」

劉文靜是李世民起兵反隋時的主要謀臣，在後來的數次戰役中屢立大功，說他是唐朝的開國元勳也不為過。與他相比，裴寂的資歷要淺一些。

裴寂是經劉文靜的介紹才加入李家反隋大軍的，但他善於結交李淵，甚至將隋煬帝的宮女私自送給李淵，與李淵在酒桌上稱兄道弟，可謂李淵的酒肉朋友。

李淵稱帝後，對裴寂的寵愛異乎尋常，授予他右丞相之職，每次上朝與他同登御座，退朝後相攜入宮，對他言聽計從，賞賜無度。而劉文靜卻並不受寵，官職也只是一個小小的尚書。因此劉文靜感到很不公平，每次上朝都故意與裴寂唱反調，漸漸地兩個人成了死對頭。

有一次，劉文靜在上朝時，受到裴寂的一番奚落，回到家中仍餘氣未消。他以刀擊柱，發誓說：「我一定要殺掉裴寂這個王八蛋。」豈料劉文靜這番話被他的一個失寵的小妾聽到，並且傳了出去。

在朝廷審問時，劉文靜將自己的想法和盤托出：「當初起兵時，我的地位在裴寂之上，如今裴寂被授予高官，而我的官職比他小了許多，所以心懷不滿，酒醉之後說些過頭的話也是人之常情。」

李淵知道了劉文靜的申辯很生氣，認為他有謀反之心，決定將他處死。而裴寂看出了李淵的心思，火上澆油地說：「劉文靜的確立過大功，無奈他已經有了反心，如今天下還不太平，若是赦免了他，肯定會成為後患。」

這話正中李淵的下懷，於是李淵立即宣佈將劉文靜處死。

「言者，風波也」，一個人說話要特別注意，有時一句話是兩面刀，傷害自己也傷害別人。在日常工作和生活中，有許多言辭並不是我們非說不可的，因而沒有必要唇槍舌劍或信口開河。有些話，說得漂亮不見得就能獲得好處，弄不好還會招來許多是是非非。

正所謂「字爲文章之衣冠，言語爲個人學問品格的衣冠」。有許多人衣貌堂堂，看上去高貴華麗，但一開口卻是滿口污言穢語，使人聽了非常不愉快，僅存的一點敬慕之心，也立馬全部消失，讓人實屬不敢恭維。

可惜的是有些人並非學問品格不好，往往是一時大意，卻也並不自知，更說不上有心改過。俏皮而不高雅的粗俗言語，人們初聽時覺得新鮮有趣，偶爾學著說說，然而積久便成習慣，最終是隨口而出。試想那些話在社交場合給人聽見了，會產生怎樣的反感呢？不習慣說這種話的人，聽到時會覺得難堪不已。

弘一法師認爲，人身上最難管住的要算是嘴巴。因爲這嘴巴天生有兩大功能：一是吃喝，二是說話。嘴巴最壞事的地方不是吃喝，而是說話；最難管的，也不是吃喝，而是說話。雖說有「撐死」的說法，但除了喝酒醉得一塌糊塗而最終一命歸西之外，很少聽說有誰因爲大吃大喝撐破肚子而丟了性命的。

不過，無論如何，真話有人說，假話也有人說；好話有人說，壞話也有人說，嘴巴還是難於管住的。但不管嘴巴多麼難管，都需要我們下一番功夫去管理。

凡事三思而後行。說話也不例外，在開口說話之前也要思考，確定所說的話不會傷害他人再出口，才能起到一言九鼎的作用，你也才能受到別人的尊重和認可。「言多必失」「禍從口出」的萬世警訓，在今天依然見證著它的價值。

2 大辯若訥，多些思量少些爭辯

窮天下之辯者，不在辯而在訥。

——弘一法師

「大辯若訥」出自《老子》第四十五章：「大成若缺，其用不弊。大盈若沖，其用不窮。大直若屈，大巧若拙，大辯若訥。靜勝躁，寒勝熱。清靜為天下正。」

弘一法師說：「老子的意思是：有極大成就者或最圓滿的東西，往往看似有些欠缺，但其作用永遠不會衰竭。最充盈的東西好像空虛一樣，但其作用是不會窮盡的。最正直的東西好像彎曲一樣，最靈巧的人好像笨拙一樣，最善辯的人好像不善言辭一樣。疾動可以戰勝寒冷，安靜可以克服炎熱。清靜無為才能使天下太平。在老子看來，大辯若訥。辯不可為道，道在無言，知者不言，言者不知。善辯者，只能勝人於口，而不能服人之心。大辯不辯。」

弘一法師在沒出家之前，名叫李叔同。有一次他參加朋友的婚禮，席間有一位年輕人念了句詩：「郎騎竹馬來，繞床弄青梅。」不過，這位年輕人卻將作者搞錯了，他所念的這句詩是唐代的詩人李白所寫的，而他卻誤以為是宋代女詞人李清照所寫的。

李叔同當時年紀尚小，又自認為中國文學是他的特長，於是就說：「這是李白寫的。可能因為這首詩蘊含的感情深厚，害得你誤以為是出自女詞人李清照之手……」

李叔同不說還好，如此一說，那年輕人反倒更加堅持自己的意見了。就在彼此爭論不休時，一位老先生態度莊重地說：「這位先生說的對。」

李叔同心中不服氣，卻也並未再多言。不久後，那位老先生遇到了李叔同，老先生對他說：「那句詩出自李白的《長干行》，一點也沒錯。」

李叔同更加納悶了，他不解地看著老先生。老先生溫和地說：「你說的一切都對，但我們都是客人，何必在那種場合給人難堪。他並未徵求你的意見，只是發表自己的看法，對錯根本與你無關，你與他爭有何益處呢？」

李叔同恍然大悟，心內對老先生感激不已。

的確，什麼人能用辯論換來勝利呢？在辯論結束之時，辯論的雙方十有八九比原來更堅持自己的論調。我們能在辯論中獲勝嗎？答案自然是否定的。如果我們辯論輸了，那便是無話可說。即使贏了，一樣也是「輸」。爲什麼呢？因爲即便我們贏了對方，把對方的觀點攻擊得體無完膚，那又能怎樣呢？我們得到的只是一時的勝利，那種快感也維持不了多久。然而，相同的結果，對方可能認爲這種輸法會讓自尊心受損，日後找到機會，必然又會報復。因爲一個人若非自願，而是被迫屈服，其內心仍然會堅持已見。

> 十九世紀時，美國有一位青年軍官，因為個性好強，總愛與人爭辯，所以經常和戰友發生激烈爭執。林肯總統因此處分了這位軍官，並說了一段深具哲理的話：「凡能成功之人，必不偏執於人成見，更無法承受其後果，這包括了個性的缺憾與自制力的缺乏。」

二十世紀初的美國總統威爾遜有一名得力助手，就是財政部長威廉・麥克阿杜。他也曾以多年的從政經驗，告訴我們一個重要的道理：「你不可能用辯論擊敗無知的人。」

常言說：道在平常日用中。一心一意把自己的本分事做好，內心清淨安定，坦然面對一切，就是順應天道。

3 多頌揚別人的美德，少議論他人的是非

取人之善，當據其跡，不必深究其心。論人之非，當原其心，不可徒泥於跡。

——弘一法師

「取人之善」，肯定、讚歎別人的善行，「取人之善，當據其跡」，就讚歎別人善的行為就好了，「不必深究其心」。一個人只要是善行流露出來了，最起碼對社會能起到一個帶動的作用，不需要去追究背後的目的。

弘一法師說：「在我們看到人家做好事後，以爲自己又懂得了比較多的道理，就在背後開講了：『雖然他在做善事，我告訴你，那都是他愛慕虛榮的啦，他十六個字都沒有放下，他自私自利沒放下，貪嗔癡慢沒放下。』人家做個好事，你又把人家批評到這種程度來了，見不得人好，這就又失厚道了。所以，『不必深究其心』。昨天人家行善了，今天也一樣，慢慢地他的善也會愈來愈流露嘛，不要苛刻要求人太高。相反，看到他人的過失，『當原其

心』，要去體察對方的發心，要有耐心聽人解釋理由。」

這是自我修養的關鍵，也是幫助他人的前提。許多人往往把這二者顛倒，看到他人的過失就一味批評、排斥；看到他人的善行也會懷疑其動機，挑剔對方的態度。要知道，你知道的關於別人的事情並不一定可靠，也許另外還隱藏著許多不是你所熟悉的事實。如果你貿然將你所聽到的片面之言宣揚出去，不是顛倒是非，混亂黑白嗎？一旦話說出口就收不回來了，等到事後你徹底地明白了真相的時候，那麼你還能有機會更正嗎？

「張某借了王某的錢不還，存心賴賬，真是卑鄙。」昨天你對一個朋友這樣說。這話是你從當事人王某那聽來的，他當然站在自己的立場說話。人都是覺得自己是對的，自然不易把話說得很公正。如果你有機會見到張某，他也許會告訴你，他雖然借了王某的錢，但有房屋契約押在王某那裏。因為自己的一筆錢被別人耽誤了，沒辦法在期限內清還，只好延長押期。當初王某表示若有需要延長押期時，隨時可以延長押期。而今王某急於拿回借款，可張某一時無法立刻付清，才有此一說。但既然有抵押物，就不能說張某是賴賬了。

事實上人與人之間的關係大半都有內情，你若不知內情，就不宜信口開河。

在現實生活中有一種人，專好推波助瀾，把別人的是非編得有聲有色，誇大其詞地逢人就說。雖然你不是這類人，而一旦突然間談論別人的短處時，可能你也會在無意之中就種下禍患的幼苗，而它會滋長到怎樣的程度，並不是你所能想像的。

有位信徒問弘一法師：「請問大師，我應該如何看待僧團和學佛居士中，不為自度度他，只為逃避現實生活，將寺院當成養老院或只為混日子的僧人？如何看待口口聲聲度一切眾生，但卻並不在意心中是否升起一絲度眾生念頭的僧人？如何看待身為僧人卻不聞思修行佛法，經常放鬆懈怠的僧人？」

弘一法師回答道：「無論看到他人什麼過失，看到外在什麼狀況，落腳點都會回歸到自己內心中來：我能幫助到他什麼？我為解決這種情況做了些什麼？我做了多少？做得夠不夠，好不好？」

事事懂得取人之善、諒人之過、反求諸己，是修行的關鍵，也是利人利己、改善環境的正確途徑。

所以，我們最好是自己定下一條戒律：除了頌揚別人的美德，永遠不要用議論別人的短處來污辱你的口、污辱你的人格。否則的話，你將永遠找不到一個願意和你接觸的朋友。

如果是別人向你說某人的短處時，你要做的是聽了就算，像保守你自己的秘密一樣，謹緘金口，不做傳聲筒，也不要深信這片面之詞，更不必記在心上。

和談論別人的短處一樣，不可隨意在背後批評人家，除非這是善意的批評。說一個壞人的好處，旁人聽了最多認爲你是無知。把一個好人說壞了，人們就會覺得你存了不良之心。

4 不受別人言語挑撥

明朝楊椒山先生曾說：「人言：某人惱你謗你。則云：他與我平日相好，豈有惱謗之理？」我們若有如此寬大的心胸，不受別人言語挑撥，必能化解對方的怨恨。

——弘一法師

《論語》中提到：顏回不貳過，曾子三省吾身，子路聞過則喜，孔子則曰：「吾未見能見其過，而內自訟者也。」可知儒家極重視「知過」的功夫；佛家亦告訴我們，要「常見自己過，不說他人非」，也就是要我們時常反省檢點自己的過失，不要談論別人的是非。

《史記》中講述了這樣一個故事：

劉邦有個屬下叫曹無傷。這個人想挑撥項羽和劉邦的關係。於是，他對項羽說：「劉邦有稱帝的跡象。」以前劉邦愛財貪色，但自從進了關中，他就完全變了一個人。項羽聽了曹無傷的話，心生猜忌，於是請劉邦來鴻門赴宴，計畫在宴會上結果了劉邦的性命。

劉邦得到邀請後，知道有人在挑撥離間，若不去解釋的話，自己只有死路一條。於是，他帶了許多禮物去見項羽。項羽一看禮物，覺得劉邦對他還是很恭敬，不像是要謀反。而劉邦看項羽語氣有所緩和，就對項羽說：「不知是誰在挑撥將軍和我之間的關係。」項羽想都沒想，「曹無傷」三個字脫口而出。

劉邦從鴻門脫險回來後，立刻找了個理由把曹無傷殺了。

事實上，沒有人會喜歡挑撥離間的人，只會將其當小人看待。然而，我們在每天的說話中，卻可能經常做著挑撥離間的事情。或許出於嫉妒，或許出於憤怒，或許出於其他種種不可告人的想法，又或許是出於無心之過。

在這個時候，一方面，我們要提高自己的修養和智慧。不挑撥離間，需要靠修養與智慧的雙重作用。挑撥離間不僅是敗德行爲，而且是一種愚蠢行爲。另一方面，我們還要注意改變我們說話的語氣和句式。謹慎使用「有些話我本不想說的，但是……」這是一種在挑撥別人關係的時候經常出現的句式。在與人談話的過程中，不要總是成爲秘密的宣揚者，不要總是跟別人說「有件事，不知道你知不知道……」或者「我原來也認爲他不是那樣，但是……」這種影響很壞的話，它們很容易讓人相信，也難免成爲挑撥離間的用語。

5 不但要大度，還要懂得如何大度

古時候的智者，很多事情看見了，他們卻假裝不知道；很多事情知道了，他們卻假裝不相信。這種假裝不是虛偽，而是為了不讓別人過於難堪。一個人不但要懂得大度，而且要懂得如何大度。

——弘一法師

做人最好不要樹敵。在與人交往的過程中，要學會運用巧妙的言語，甚至是聽起來很糊塗的話來給別人留餘地。

古時有一位國王，在領兵跟敵國作戰時，遇到頑強抵抗。戰爭異常殘酷，持續了幾個月之久。

一次，敵方將領想出一個「擒賊擒王」的計策——派一位武士行刺國王。這位武士驍勇機警、行動敏捷，他躲開崗哨後，想穿過馬棚偷偷溜進國王的臥室。

不料，國王的馬見有異客入侵，便嘶叫起來。這個情況武士事先完全沒想到，他拿不准應該殺馬滅口、繼續冒進，還是腳底抹油、趕緊開溜？

國王聽見馬鳴聲有異，估計出了事情，於是他手持寶劍前去察看，就發現了武士。國王一聲招呼，衛兵們便蜂擁而來，向武士撲去。武士知道此番性命難保，想舉刀自刎，卻已經來不及了，他被衛兵們捆得結結實實，扔在了地上。

這時，侍衛長跑過來，一面向國王自責疏於防範之過，一面請示如何處置這名武士。

國王走到武士身邊，厲聲問道：「你是來偷馬的嗎？」

武士不明白是什麼意思，含含糊糊答應一聲，心裏卻想：我是來取你性命的，怎麼說我偷馬呢？

國王回頭對侍衛長說：「這傢伙一定是來偷馬的。現在是戰爭時期，老百姓都很窮，想偷馬賣錢，情有可原。把他放了吧！」

侍衛長急忙說：「不能放！他明明是來行刺的，不是來偷馬的，應該將他就地正法。」

國王卻堅持說：「他明明是個偷馬賊，為什麼說他是刺客呢？我看他也是條好漢，一定是迫不得已才幹這種小偷小摸的事。把他放了吧！」

侍衛長無奈，只好把武士放了。

這件事傳出去後，人們都稱頌國王心胸寬廣、愛惜人才。各地的勇士如潮水般湧來投奔他，他的軍隊也因此實力大增，很快就取得了戰爭的勝利。後來，國王一統北方各部，建立了一個強大的王國。這位國王就是清太祖努爾哈赤。

非常之人必有非常之量。這看似道德說教，其實也是經驗之談，因爲原諒仇敵可能帶來很大好處。但是，原諒仇敵並不是一件容易的事：一方面，你很難克制自己的仇視心理；另一方面，在操作上很難做得恰到好處——帶著鄙視、不屑心理加以原諒，反而成爲新的仇恨的苗頭。只有帶著尊重的心理加以原諒，才可能完全消弭對方心中的仇恨。

我們在日常生活中，不可能所有事情都面面俱到，樹敵也往往在所難免。在這個時候，如果我們想化敵爲友，最好的辦法就是「假裝糊塗」。「假裝糊塗」對於我們自己來說其實並不會損失什麼，因爲你內心早已洞察一切。相反，在這「假裝糊塗」的過程中，不僅顯示了自己的胸懷，也會感動我們的敵人。

如果一個人只是嘴上嚷嚷著要以德報怨、化敵爲友，卻沒有實際行動，尤其是缺少那種給人留情面的行動，那麼他的化敵爲友絕對不可能成功。因爲人到最後，往往是在爭一口氣，而並不是爭事情的是非結局。所以，應該學會給別人情面，給別人臺階下。

6 「冷處理」是避免人際衝突的良方

「緩」字可以免悔，「退」字可以免禍。

——弘一法師

爭論服不了人，但情理可以服人。在日常生活中，聰明人用情理服人，而不是用話壓人。用情理服人往往需要一些時間，因而必須學會對很多事情進行「冷處理」。弘一法師說：在我們的生活中，常有太多的矛盾，如夫妻不和、鄰里不睦、同事不諧等。這時候，可以用「冷處理」的方法，把怒火冷卻。

古時候有一位刺史，跟本州的參軍關係不好。因此，參軍總想找機會給刺史一個難堪。

有一天，刺史的家僮騎著馬，從參軍身邊匆匆經過，沒有下馬請安。這在當時是一種非常失禮的行為。參軍假裝大怒，追上去，將家僮拉下馬，接著用皮鞭一頓猛抽，打得家僮皮開肉綻。然後，他提著馬鞭來見刺史，敘述經過後，說：「我打了您的家僮，請讓我解職回家吧！」

這等於將了刺史一軍：如果刺史不同意他解職，就輸了一招；如果同意他解職，又有公報私仇之嫌，反而被他抓住把柄。然而這位刺史也非等閒之輩，他只是淡淡地說：「奴才見了官人不下馬，打也可以，不打也可以；官人打了奴才，走也可以，不走也可以。」

參軍不知所措。走也不是，不走也不是。他默思半晌後，還是說不出一句話，只得躬身告退。自此，這位參軍再也不敢找刺史的麻煩了。

「走也可以，不走也可以」，刺史對參軍交來的棘手問題不明確表態，將決定權交給對方，等於反將對方一軍。這也是「熱問題冷處理」的一種高明方法。

一次，一個婦人對林肯說：「總統先生，你必須給我一張授銜令，委任我兒子為上校。我提出的這個要求，並不是在求你開恩，而是我有權利這樣做。先生，我祖父在列克星敦打過仗，我叔叔是布拉斯堡戰役中唯一一個沒有逃跑的士兵，我父親在新奧爾良打過仗，我丈夫戰死在蒙特雷。」

林肯聽後說：「夫人，我想你們一家為報效國家已經做得夠多了，現在該是把這樣的機會給予別人的時候了。」

這個婦人希望林肯看在其家人功績的情份上，爲她的兒子授銜。林肯的心裏自然明白，但他卻故作「糊塗」，曲解本意，最終婉言拒絕。這樣，林肯既堅持了自己的原則，也沒有傷害到這位婦人的自尊。

「冷處理」是避免人際衝突的良方。當對方情緒激動或存心挑釁時，你與對方針鋒相對，只會使矛盾激化，造成難以收拾的局面。

「冷處理」不是不處理。毋庸置疑，對各種不良傾向和錯誤行爲，既不能姑息遷就、包庇護短，也不能大事化小、小事化了，而應在不違背原則的前提條件下，根據每個人在性格特點、承受能力等方面的個體差異和問題發生的嚴重程度，靈活地進行處理。

【第十四課】

謙虛是保身第一方法

弘一法師說：

「愈是虛榮的人，愈是不能事事精通，但是愈是虛榮的人，卻愈愛表現，常常不懂裝懂，自以為是。」

1 才華不可膚淺外露

氣，忌盛。心，忌滿。才，忌露。

——弘一法師

古人曰：「直木先伐，甘井先竭。」修理房屋時所用的木材，一般多選擇挺直的樹木；先湧出甘甜井水的水井往往先乾涸。有一些才華橫溢卻鋒芒太露的人，雖然容易受到重用提拔，可是也容易遭人暗算。

弘一法師說：「中國人向來是很精明的，然而越是精明的人越知道聰明人處世難，容易招致妒嫉、非議，甚至爲聰明而喪生。曹操因爲妒嫉楊修的才能而殺了他；隋煬帝也因爲妒嫉王胄的詩才把他殺了。所以，從老子開始，中國人就深知『大智若愚』的道理——越是聰明的人，越是要表現得愚笨，以便在別人的輕視和疏忽中找到自我發展的空間。」

隋唐著名才子薛道衡，十三歲就能講《左氏春秋傳》，到了隋文帝時，已經官至內史侍郎。大業五年，被召進京，此時已是自負才氣的隋煬帝楊廣在位，薛道衡為了顯示自己的文章水準，呈上了《高祖頌》，煬帝看了後很不高興，說：「這只是文詞漂亮而已。」

有一次，煬帝與下臣聊天，說自己才高八斗，傲視天下文士，御史大夫乘機說道：「薛道衡自負才氣，不聽訓示，有無君之心。」於是煬帝便下令將薛絞死。

如此看來，薛道衡由於不懂得深藏不露、明哲保身，得罪了不少人，不但有隋煬帝，還有那個進讒言的御史大夫，甚至可能還有其餘的一些大臣，否則怎會沒人替他求情於隋煬帝呢？

因鋒芒太露而把人得罪光了，薛道衡算得上是一個典型。韓信也算是一個。

韓信是漢朝的第一大功臣：在漢中獻計出兵陳倉，平定三秦；率軍破魏，俘獲魏王豹；攻下代，活捉夏說；破趙，斬成安君，捉住趙王歇；收降燕；掃蕩齊；屢挫楚軍。連最後垓下消滅項羽，也主要靠他率軍前來合圍。司馬遷說：漢朝的天下，三分之二是韓信打下來的；項羽，是靠韓信消滅的。

但是，功高震主，本就犯了大忌，加上他又不懂得謙退自處，看到曾經是自己部下的曹參、灌嬰、張蒼、傅寬等都分土封侯，與自己平起平坐，心中難免矜功不平。樊噲是一員勇將，又是劉邦的親戚，每次韓信訪問他，他都是「拜迎送」，但韓信一出門就要說：「我今天竟與這樣的人為伍！」

就這樣，韓信終於一步步走上了絕路。

孔子年輕的時候，曾經受教於老子。當時老子曾對他講：「良賈深藏若虛，君子盛德容貌若愚。」即善於經商的商人，總是隱藏其寶貨，不令人輕易見之；而君子之人，品德高尚，而容貌卻顯得愚笨。其深意是告誡人們，過分炫耀自己的能力，將欲望或精力不加節制地濫用，是毫無益處的。

中國古時的店鋪裏，在店面是不陳列貴重的貨物的。店主總是把它們收藏起來，待遇到有錢又識貨的買主，才告訴他們好東西在裏面。倘若隨便將上等商品擺放在明面上，是很難賣上好價錢的。不僅是商品，人的才能也是如此。俗話說「滿招損，謙受益」，才華出眾而又喜歡自我炫耀的人，必然會招致別人的反感，往往吃大虧而不自知。無論你的才能有多高，都要善於隱藏，即表面上看似沒有，實則充盈的境界。

我們不可否認，才華是一筆財富，關鍵在於怎麼使用——財富可以使人過得很好，也可能將人毀掉。真正聰明的人會善用自己的聰明，深藏不露，或者火候不到時不輕易使用，並且一定要貌似渾厚，讓人家不眼紅於你。

我們在日常工作中，不難遇到以下問題：有一些事，人人已想到、認識到了，卻無一人當眾說出來。這些人並非傻，而是都學精了。老話說得好：「槍打出頭鳥。」欲名而又好喜，豈非自攬世人的怨恚嗎？善於處世的人應該懂得在「名利」兩字上瞻前而顧後，做到適可而止，有所節制。

2 不懂裝懂是最大的愚蠢

強不知以為知，此乃大愚。本無事而生事，是謂薄福。

——弘一法師

莊子說：「吾生也有涯，而知也無涯。」知識是寶庫，浩如煙海，沒有人是全知全能的。首先要承認自己不懂，然後再去認真學習，才是科學的態度，也是務實的態度。

弘一法師說：「愈是虛榮的人，愈是不能事事精通，但是愈是虛榮的人，卻愈愛表現，常常不懂裝懂，自以爲是。比如他們對於某種學問技術不過初窺門徑，還未登堂，更未入室，居然自命專家，到處宣揚，一副煞有介事的樣子。」

有一個人想拜見縣令求個差事。為投其所好，他事先找到縣令手下的人，打聽縣令的愛好。

他向縣令的隨從問道：「不知縣令大人平時都有什麼愛好？」

「縣令無事的時候喜歡讀書。我經常看到他手捧《公羊傳》讀得津津有味，愛不釋手。」隨從告訴他說。

這個人於是把縣令的這個愛好記在心裏，然後胸有成竹地去見縣令。縣令問他：「你平時都讀些什麼書？」

「別的書我都不愛看，一心專攻《公羊傳》。」他連忙討好地回答說。

縣令接著問他：「那麼我問你，是誰殺了陳佗呢？」

這個人其實根本就沒讀過《公羊傳》，自然不知陳佗是書中人物。他琢磨了半天，以為縣令問的是本縣發生的一起人命案，於是吞吞吐吐地回答道：「我平生確實不曾殺過人，對於陳佗被殺之事更是一無所知。」

縣令一聽，知道這人並沒讀過《公羊傳》，才回答得如此荒唐可笑。縣令便故意戲弄他說：「既然陳佗不是你殺的，那麼你說說，陳佗到底是誰殺的呢？」

這人見縣令還在往下追問，更加惶恐不安起來，嚇得狼狽不堪地跑出去了，連鞋子也來不及穿。別人見他這副模樣，問他怎麼回事。

「我剛才見到縣令，他向我追問一樁殺人案，我便不敢待下去了。還是等這樁案子搞清楚後，我再來吧。」他邊跑邊大聲地說。

不懂裝懂其實是內心無知的表現。爲了掩飾自己的無知，費盡心力去假裝自己是個「專家」。也許開始的時候，人家還真以爲你是個「專家」，可你話一出口就露了餡，只能貽笑大方罷了。

一個人應該用誠實、謙虛的態度去對待知識，對待別人。不懂就不懂，爲何要裝懂呢？但凡有此陋習者都是愛慕虛榮之人，肚中本無多少知識，偶然被人問住，欲明說「不知道」，又恐丟了面子，只好不懂裝懂，信口胡謅，答非所問，從而敷衍了事，聊以脫身。或者明明知道自己能耐不大，卻不甘寂寞，人前人後「打腫臉充胖子」，擺出一副博古通今的架勢，張嘴就是「張飛打岳飛，打得滿天飛」，專唬那些學識淺薄之徒，藉以滿足自己的虛榮心。

承認自己也有不知道的事並不丟人，而爲了自抬身價不懂裝懂，自欺欺人的做法只會貽笑大方，就像濫竽充數的南郭先生終有灰溜溜逃走的那一天一樣。

連孔子都說：「三人行必有我師。」可見沒有人能門門學問都通，任何事情都瞭解，再有才能的人也必然有很多需要學習和彌補的地方。而不懂裝懂就像給不足之處蓋上了一塊遮羞布，施了個障眼法，雖然能暫時擋住別人的視線，使自己得以苟延殘喘。但事情終有真相大白的一天，到那時你就要爲自己的欺騙行爲付出代價了。

承認不懂就是要謙虛、謹慎，要客觀評價自己的優缺點，正視自己的不足，並勇敢地承認自己在某些問題、某些事情上的「不懂」。要用發展的眼光看問題，把自身的不足看成可以進步的潛力，進而去彌補不足、挖掘潛力。

承認不懂既要在心裏承認，有些時候也要把它說出來。放下所謂的「面子」和「尊嚴」，真誠而坦率地承認自己的「不懂」。

央視的「東方之子」節目對諾貝爾物理學獎獲得者丁肇中進行了一次專訪，丁教授面對記者緊追不捨的一個簡單問題，連續說了幾個「不知道」，令人感慨萬千。

記者提的是這樣一個問題：「我感覺您對自己每一個人生階段都有很明確的選擇。比方說小時候對科學、對科學家感興趣；大學的時候，就鎖定了要研究物理；然後您所做的每一個實驗也是力排眾議，自己堅持下來。一個人怎麼能夠做到每一次選擇都能這麼堅定和正確呢？」這位記者想要獲得的答案大家心裏都明白，因為在太多的名人訪談中，這樣的問題顯然都是為方便對方作秀進行的鋪墊。然而，丁肇中的回答卻是：「不知道，可能比較僥倖吧！」

記者不死心，又追問道：「在這裏面沒有必然麼？」

丁肇中依然回答：「那我就不知道了。」

記者還是不死心：「怎麼才能讓自己今天的選擇在日後想起來不會後悔？」

丁肇中依然回答：「因為我還沒有後悔過，所以我真的不知道。」

記者無奈：「我發現在咱們談話過程中，您說得最多一個詞就是『我不知道』。」

丁肇中這次作了正面回答：「是！不知道的卻硬要說知道，這在我們那裏是絕對不允許的。知道就是知道，不知道的你不要猜。」

丁肇中的嚴謹態度，的確是到了常人無法理解的地步。然而，這就是作為科學家的丁肇中，他認為不知道的就一定要回答「不知道」。

承認不懂不是目的，最主要的是要把不懂的地方搞懂。這就要求我們多讀書、多學習，充實自己，擴大自己的知識面，在不懈的學習中開闊視野、增長知識，提高攻堅克難的本領。

敢於說「不懂」，是一種態度，是一種認真對待工作的態度，也是一種做人的美德。

3 留一步，讓三分

學一分退讓，討一分便宜；增一分享用，減一分福澤。

——弘一法師

古人有言：「人情反覆，世路崎嶇。行不去處，須知退一步之法；行得去處，務加讓三分之功。」

弘一法師說：「留一步讓三分，不僅給別人留一條活路，也是拓寬自己人際資源的絕妙之策。今天你讓了他一步，明天他會還你兩步。如果你不懂利益均沾，凡是好處都自己獨吞，那你的路只怕會越走越窄。」

與人交往就應該做到平和謙讓，在道路狹窄之處，留下一步讓別人走；在享受美味的時候，分一點給別人品嘗。可不要小看這小小舉措的力量，它可能會讓你多幾個朋友，少幾個敵人，從而讓你的事業發生截然不同的改變。也許你並不在乎這一點，全然不留餘地。西瓜也要，芝麻也不放過，那可能會給你帶來短期的利益，但卻會讓你失去道義、信用、名節、信任，等等！

有人說，堵塞別人的道路等於斷了自己的退路！凡事留一線，這一線不光光是留給別人的，有時候，也是留給自己的。

一隻狼發現了一個山洞，這個山洞是動物們去往樹林的唯一通道。這隻狼很高興，覺得只要守住這個洞，那自己就可以衣食無憂了。於是他便坐在山洞的另一頭，等著動物們前來送死。

第一天，來了一隻羊。狼拚命地追了過去，可是這隻羊發現了一個可以逃命的小洞，便從小洞中倉皇逃跑。狼氣急敗壞，於是堵上了這個小洞。

第二天，來了一隻兔子。狼照舊地追趕兔子。結果，兔子在危急時刻又發現了一個比昨天更小的洞，又從小洞中逃脫了。於是狼這次把類似的小洞又堵上了。

第三天，洞口出現了一隻松鼠。狼再次奮力追捕，但是松鼠卻還是找到了一個比較小的洞口鑽了出去。狼這次再也受不了了，瘋狂地封住所有的洞。並且在上面糊上一層厚厚的泥巴，連一隻小鳥都跑不了。狼心想，這回可算是萬無一失了吧！

第四天，一隻老虎從洞口躥了出來，狼嚇得拔腿就跑。可是所有的洞口都被自己封死了，狼在裏面找不到任何出路，最終被老虎吃掉了。

這隻貪心的餓狼，由於沒有留下絲毫的餘地，將自己置於危險之中，最終斷送了自己的性命。

據說韓國北部的柿農在收柿子的時候，經常會留下一些熟透的柿子給過冬的喜鵲，讓他們在冬季不至於挨餓，而受益的喜鵲因爲「吃人家嘴短」而整天忙著捕捉果樹上的蟲子，保證了來年柿子的豐收。

這是一個講求「雙贏」的時代，對手有時候也是夥伴。若你做事絲毫餘地都不留，那恐怕也沒有誰會願意與你合作交往了。

4 爭名奪利，本身就是一種痛苦

月滿則虧，水滿則溢。

——弘一法師

吳承恩的《西遊記》中有這樣一首詩：爭名奪利幾時休？早起遲眠不自由！騎著驢騾思駿馬，官封宰相望王侯。只愁衣食耽勞碌，何怕閻君就取勾？繼子蔭孫圖富貴，更無一個肯回頭！

弘一法師說：「貪心似乎就是與生俱來的。大多數人活著都在追求物質，貪圖利益，擁有了還想有，得到了還盼望破的換成新的，新的換成時尚的，時尚的又想換成高檔尊貴的。一換再換，一新再新，人心總是不知道滿足，欲望總是會隨著你的所得變得越來越大，有一句話說得好：人最想得到的，永遠是你還沒擁有的。」

有一個僧人，雖然在修行禪道方面頗下苦功，但始終不得入門，眼看許多比他入門還要晚的師弟對禪都能有所領悟，他頓時覺得自己實在沒有資格學禪。於是他心想：我還是做個行腳的苦行僧算了。於是僧人就打點行李，計畫遠行。臨走時他去向師父辭行。

僧人稟告道：「師父！我辜負您的期望，自從拜在您門下至今已有十多年了，可是對禪仍是沒有什麼領悟。我想我實在沒有學禪的慧根，今向您辭行，我將雲遊他方。」

師父非常驚訝地問道：「為什麼沒有覺悟就要走呢？難道到別處就可以覺悟嗎？」

僧人誠懇地稟告道：「我每天除了吃飯、睡覺之外，都全身心地修行，卻遲遲不見成效。反觀那些師兄弟們一個個都能有所領悟。在我內心的深處，已經萌發一股倦怠感，我想我還是做個行腳的苦行僧吧！」

師父聽後開示道：「悟，是一種內在本性的流露，是學不來也急不得的。別人有別人的境界，你修的是你的禪道，這是兩回事，為什麼要混為一談呢？」

僧人道：「老師！您不知道，我跟師兄弟們一比，立刻就有小麻雀在大鵬鳥面前的感覺。」

師父裝作不解似地問道：「怎麼樣的大？怎麼樣的小？」

僧人答道：「大鵬鳥一展翅能飛越幾百里，而我這隻小麻雀只囿於草地上的方圓幾丈而已。」

師父意味深長地問道：「大鵬鳥一展翅能飛幾百里，牠已經飛越生死了嗎？」

僧人聽後默默不語，若有所悟。

俗語說得好：家有廣廈萬間，不過六尺小床；縱有黃金萬兩，不過一日三餐。當然，不爭也並不是代表不去奮鬥，而是要明白凡事有度，萬事隨緣，懂得適可而止。在現實生活中，名譽和地位常常被視爲衡量一個人成功與否的標準，所以追求一定的名聲、地位和榮譽，已成爲一種極爲普遍的心態。在很多人的心目中，只有有了名譽和權力才等於實現了自身的價值。其實，人生的目的，不在於成名、成家與否，而在於面對現實，去努力而爲之，去盡情享受生命，去細心體驗生活的美好。

人生在世，誰都想活得更好，人們總是在各種可能的條件下，選擇那種能爲自己帶來較大幸福或滿足的活法。然而只有學會控制欲望，不爲名譽權力所累，懂得知足常樂，方能品出生命的美好，享受到生活的快感。

5 越有能力，越是要謹慎

古人得禍，精明人十居其九，未有渾厚而得禍者。

——弘一法師

洪應明先生在《菜根譚》中說：「君於之才華，玉韞珠藏，不可使人易知。」弘一法師認爲：「學問到了最高的境界，就是以最平凡、最膚淺的人做自己的老師，做自己的榜樣，如此就成功了。如果你的技術、學問到了最高處，認爲自己天下第一，那你註定會失敗。因爲沒有天下第一！只有小心加小心，謹慎更謹慎。」

在我們的日常生活中，有太多恃才傲物的人，他們大多自以爲能力很強，很了不起，因此看不起別人。由於驕傲，他們聽不進別人的意見；由於自大，他們做事專橫跋扈，輕視有才能的人，看不起別人的長處，也就看不見自己的短處了。

三國時期，蜀國大將關羽北伐曹魏。東吳都督呂蒙想趁關羽領兵圍攻樊城之機奪取荊州，但是關羽在沿江設了許多的烽火臺，如果遇有敵情，留守士兵就會點燃烽火，關羽看見烽火，便會派兵救援荊州。

呂蒙知道關羽不是個簡單的人物，但同時也知道他是個很自負的人，所以要想奪取荊州，最好的辦法就是激起他的孤傲，讓他不加防備，這樣東吳才能有機可乘。於是，呂蒙便裝病辭職。推薦沒有名氣的年輕將領陸遜當都督。陸遜上任之後，就給關羽寫了封信，信中用華麗的辭藻歌頌了關羽的功績和自己對關羽的敬仰之情，表現得非常謙卑。

關羽果然因此而輕視了陸遜，譏笑孫權沒見識，用個毛孩子當都督。因此，他將把守荊州的大部分兵馬都調到了樊城前線與曹軍大戰。孫權當機立斷，任命呂蒙為大都督，統兵三萬偷襲荊州。他們活捉了烽火臺的守軍，帶著這些俘虜長驅直入，來到荊州城下，讓俘虜叫開城門，東吳兵將隨後一擁而入，輕而易舉地佔領了荊州城。

關羽算得上是三國時期頂尖的驍將了，不僅忠義無雙，而且文武雙全。但就是這樣一位能文能武的全才，卻因爲性格中恃才傲物，自視甚高，看不起別人，最後被呂蒙所敗。不但丟掉了荊州，就連自己也做了東吳的俘虜。

曾國藩說：「傲爲凶德，慢爲衰氣，二者皆敗家之道。」驕傲自滿是一座可怕的陷阱，而且這個陷阱還是我們自己親手挖掘的。一個驕傲的人，結果往往是在驕傲裏毀滅了自己。

如果你總覺得自己很了不起，那失敗離你就不會很遠了。

陳毅元帥有詩說道：「九牛一毫莫自誇，驕傲自滿必翻車。歷覽古今多少事，成由謙遜敗由奢。」即使一個人很有能力，如果總是自視過高，也難以避免一世英名一朝盡喪的結局。

從古至今，不知道有多少英雄豪傑，因爲驕傲自滿最後功敗垂成。只有謙虛，才會令人保持高度警惕，小心謹慎從事，才不會因爲一時的大意而導致失敗。

6 眾生都是我們的榜樣

眾生都是我們的榜樣，世界就像是一面鏡子，可以照出我們最原始的模樣。而這面鏡子能幫助我們時刻檢討自己，認真看待自己。重要的是，我們通過照鏡子，能夠擁有一顆開放的心，能夠聆聽到更多的聲音。若是我們常常將心封閉起來，懂得再多的道理也是無用的，因為心是閉塞的，你就無法領悟真理，而真理在日常生活中最易得到。

——弘一法師

古人說過：「馬看不見自己的臉長，羊看不見自己的角彎。」意思也就是說有些人總是看不到自己的缺點，總是拿自己的長處比別人的短處，沉浸在自我構建的虛妄世界裏自我陶醉而無法清醒。

弘一法師主張「觀天地生物氣象」，是將他自身的體悟融匯在了佛經之中，我們在生活中能看到的日月更迭、四季變化都是自然規律，也是參悟佛法最初的起點。萬物都有它們的表像與內在的本質，有時就是要從簡單平凡的事物表像中，體會到其內在蘊涵的深刻道理，從而更好地把握我們面對他人的態度、行為。

人通過聆聽與省悟，來學習聖賢對於萬事萬物的慈心、氣度，需要一個循序漸進的過程。這個過程沒有固定的時間或期限，全看個人修行與悟性，當然我們首先要做的就是把心打開，這一點看似容易卻是最為困難。正所謂「一葉障目，不見泰山」，很多人眼睛雖然沒有被遮住，但心卻被蒙蔽了。他們不懂得省察自己，看不到自己的不足之處，也難以發現他人的優點與長處，永遠將自己困在那一方小世界中，看不到外面的天地有多大。

這種心理，弘一法師稱之為「傲慢」。傲慢其實是我們求知路上最大的障礙。因為傲慢，我們看不見別人的長處；因為傲慢，我們看不見自己的短處；因為傲慢，我們不屑於向別人學習。因此，我們也就無法進步了。

「大善知識來去自由」是潛藏在我們身邊的大智慧，只要心敞開了，對眾生就敞開了，對萬事萬物也敞開了，那麼，你能聆聽與學習的管道也就多了。不一定需要走到很遠的地方，即使坐在原地，即使每日看著窗外的樹葉與落日，也能有所體悟。

【第十五課】

人間的樂趣，一個「情」字足矣

交朋友，應該是君子之交淡如水。
就像清風徐徐，明月朗朗一樣，清遠無瑕。
朋友間不應該是互相依賴，
而是獨立開來可以各自精彩，
碰到一起能好上加好的。

1 愛情，是朵永不凋謝的花

愛，是動詞。愛，是付出。愛，是關懷。愛，是盡力瞭解對方的需求，並且不斷改善彼此關係的一種努力，愛是接受對方，不是企圖改變對方。

——弘一法師

弘一法師說：「青年男女的戀愛，事先應要求嚴謹，事後應互相寬容。如果一個人把生活興趣全部建立在愛情那樣暴風雨般的感情衝動上，那是會令人失望的。最熱烈的戀愛，會有最冷漠的結局。戀愛總比婚姻更令人愉快，恰似小說總比歷史更令人愉快。」

我們爲什麼要結婚呢？

婚姻也和做其他任何事情一樣，都需要有一種能夠承擔風險的精神。我們不可能先把任何因素都測量妥當，任何事情都考慮周全，讓以後的日子一番風順。因爲，當你真的進入其中後就會知道，還是會有很多不可預測的，意想不到的問題會出現。

不是只有修煉得刀槍不入、精明能幹才會幸福，懂得在經歷中汲取智慧才是幸福的源泉。即使我們會為此付出代價，那也在所不惜。

人們常會戲說：男人一結婚就變臉。的確，很多女人都會有這樣的感覺。婚前男人百依百順，溫柔體貼，女人以為結婚之後也會延續戀愛中的輕鬆和快樂。可是誰知道，真的結了婚之後情況就變了。慢慢地，他不再是從前那個殷勤的好男人了，逐漸的開始懶惰渙散，注意力也開始不集中，你曾經說一不二的地位也遭到了挑戰。於是女人就開始哀怨：婚姻真是愛情的墳墓。

其實這種現象很正常，是人性的正常表現。之前如果我們是因為對方的確對我們好，好到能夠容忍我們所有的缺點才選擇的這場婚姻，那麼最終我們也會在跌落到現實的錯愕中明白，沒有人會永遠保持這樣的姿態，婚姻中大家都會暴露真相。

我們所擁有的婚姻未必是我們最希望得到的，結婚的對象也未必是我們最喜歡、最欣賞的。婚姻會受到現實的壓力和個人能力、個性、學識、環境等方面的局限。所以當進入婚姻之前，你就要明白自己希望在這段婚姻和對方這個人身上得到什麼，在知道任何人都無法滿足我們所有的要求的基礎上，要衡量出對於自己來說最重要的東西。

2 朋友，是一生修行的「伴侶」

除了友誼，你找不到第二朵不帶刺的玫瑰。
——古龍

朋友對我們所有人來說都非常重要。在生活中，如果能找到一個真正的朋友，我們會非常開心。

交朋友的道理誰都懂，但是有多少人能做到交友無憾呢？現代人的寂寞病導致另外一種併發症，姑且叫做「友情失控症」。很多人在交朋友時會走極端，要麼朝夕相處，要麼橫眉冷對，不是孤傲得不行，就是依賴得要命。朋友間不懂得控制和平衡，非冷即熱，很難體會到溫和清淡的境界。

純粹的朋友，應該是我們一生修行的「伴侶」，就像古龍說的，是「一朵不帶刺的玫瑰」。純粹的友情是自由的，今天萍水相逢，彼此尊重地歡聚，明天可以平淡地分手，甚至彼此忘記對方，也無不可。如果朋友之間（**尤其是異性朋友之間**）超越了一定的尺度，令人常常在情與理的矛盾中掙扎，也就再也不能清清爽爽地聊天了。從此我們就會陷入深深的痛苦之中不能自拔。

《查令十字街八十四號》這本被全球人深深鍾愛的書，記錄了紐約女作家海蓮和一家倫敦舊書店的書商弗蘭克之間的書緣情緣。海蓮．漢芙，一個住在紐約舊公寓的窮作家，一個對書有著非比尋常的迷戀和挑剔眼光的讀者，一個勇敢、率直、真誠的——如海蓮自稱的「小姐」，無意中她看到一則倫敦查令十字街八十四號的馬克斯與科恩書店的廣告，就寫信詢問能否買到一些合意的書，書店經理弗蘭克．德爾作了肯定的回覆，並郵寄給她兩本書。他們兩個一定未曾想到，這偶然的一念與平淡的開頭，竟會是往後綿長歲月的引線，竟會成為一則經久不衰的佳話，令人口口相傳。

雙方二十年間始終未曾謀面，相隔萬里，深厚情意卻能莫逆於心。無論是平淡生活中的討書買書論書，還是書信中所蘊藏的難以言明的情感，都給人以強烈的溫暖和信任。這本書既表現了海蓮對書的激情之愛，也反映了她對弗蘭克的精神之愛。海蓮的執著、風趣、體貼、率真，跳躍於一封封書信的字裏行間，使閱讀成為一種愉悅而柔軟的經歷。來往的書信被海蓮彙集成書，被譯成數十種文字流傳。

無論是異性還是同性，都要記得，交朋友，應該是君子之交淡如水。就像清風徐徐，明月朗朗一樣，清遠無瑕。朋友間不應該是互相依賴，而是獨立開來可以各自精彩，碰到一起能好上加好的。相處的時候不纏綿，分離的時候不依戀，想起他來會淡淡地會心微笑，心甘情願又不刻意地爲他做點自己力所能及的事。

世間的友誼有很多種，每一種似乎都有它存在的道理。但是，「修行伴侶」的份量應當是最重最重的，而且要放在心裏最顯著的那個位置。當然，其餘的友誼，也要拿出應有的真誠來。

如果有一天被哪位朋友傷害了，不要過於傷心，想一想，你還有你的「修行伴侶」。無論你貧窮富貴，不管你平安與禍患，他都將是你一生的朋友。難道這不是值得快樂的事情嗎？

【第十六課】

人生如月，笑看陰晴圓缺

沒有嘗過苦澀滋味的人，
不會理解快樂的真正含義。
沒有經過艱苦奮鬥的人，
也體會不出人生的意義。
所以，有苦有樂的人生才是充實的。

1 月圓是畫，月缺是詩

物，忌全勝。事，忌全美。人，忌全盛。

——弘一法師

做事如果苛求絕對完美，不僅會與自然相違背，也往往使我們離完美更遠。

有一位茶師讓兒子打掃庭院，當兒子掃完了之後，他說：「不夠乾淨。」讓兒子再打掃一遍。於是兒子就又花了一個小時的時間仔細打掃。打掃完成後，兒子擦了擦額頭上的汗，說：「父親，現在已經打掃乾淨了。石階已經沖洗了五次，地上也沒有一枝一葉。」

茶師卻斥責兒子說：「傻瓜，你這哪像是打掃庭院啊？這更像是潔癖！」茶師一邊說一邊走到院子裏，用力搖動一棵樹，金色、紅色的樹葉被抖落一地。茶師說對兒子說：「打掃庭院不只是要讓它清潔，也要讓它有自然的美感。」

弘一法師認爲：「追求完美即是不完美。生活中，多少失落、痛苦和不幸正是來源於此。若過於執著且不肯變通，必然陷入完美主義的心理誤區。因而一次次與機遇擦肩而過，與成功遙遙相望，最終只落得兩手空空。」

2 人生苦樂參半

處逆境，必須用開拓法。處順境，心要用收斂法。
——弘一法師

佛說：「人生苦樂參半。」沒有嘗過苦澀滋味的人，不會理解快樂的真正含義。沒有經過艱苦奮鬥的人，也體會不出人生的意義。所以，有苦有樂的人生才是充實的。

老子在《道德經》裏說：「天下皆知美之爲美，斯惡已。皆知善之爲善，斯不善已。故有無相生，難易相成，長短相形，高下相傾，音聲相和，前後相隨。」世界便是如此，一棟大樓，既然有向南向陽的一面，就必然有向北背陰的一面；磁鐵也總是有南極和北極，即便切去一極，總會再生兩極出來。

弘一法師認爲：「人生有樂必有苦，人生有苦就有樂。樂中自有人生苦，苦中也有人生樂。人生樂從苦中來，苦盡甘來便是樂。樂極生悲即爲苦，否極泰來就是樂。」何必把痛苦視作附加罹難，快樂視作理所當然呢?真正智慧的人，即便是身處「苦」中，依然能保持樂的心境。

唐朝藥山禪師拜入石頭禪師門下悟道，得道之後。他門下也已有兩名弟子，一個叫雲岩，一個叫道吾。

有一天，大家坐在郊外參禪，看到山上有一棵樹長得很茂盛，綠蔭如蓋，而另一棵樹卻枯死了，於是藥山禪師觀機逗教，想試探兩位弟子的修行，先問道吾說：「榮的好呢？還是枯的好？」

道吾回道：「榮的好！」

再問雲岩，雲岩卻回答說：「枯的好！」

此時正好來了一位俗姓高的沙彌，藥山就問他：「樹是榮的好呢？還是枯的好？」

沙彌說：「榮的任他榮，枯的任他枯。」

藥山禪師的兩位弟子沉吟良久，似有悟道。

這就是我們所說的「不以物喜，不以己悲」。它是一種思想境界，是古人修身的要求。無論外界或自我有何種起伏喜悲，都要保持一種豁達淡然的心態。

弘一法師出家後，養成了隨遇而安的習慣，不常駐任何寺廟，不當任何住持。他曾說：「我至貴地，可謂奇巧因緣。本擬住半月返廈。因變住此，得與諸君相晤，甚可喜。」

3 在每一個姿勢裏保持「正念」

一切的痛苦皆源自於錯誤的知見——對事物持錯誤的看法。真正看顧我們的，是自己的心。

——弘一法師

也許你想成爲太陽，可你卻只是一顆星辰；也許你想成爲大樹，可你卻只是一株小草；也許你想成爲大河，可你卻只是一泓山溪……於是，你很自卑，自卑的你總以爲命運在捉弄自己。

弘一法師說：「我們毋須去改變我們的生活型態，要改變的是我們對周遭及內心所發生的事，以及自我態度、反應和理解的方式。精進的目的在於匡正自我的知見，進而導致思惟的正確，在每一個姿勢裏保持正念。健全的身行和言語在於一顆正確訓練的心。我們擁有一切，可若我們不知道如何運用這世間的事物，它們對我們而言，都將毫無意義。如果我們錯誤地看待事物，就沒有任何功德可言，也沒有任何助益了。」

其實，你不必這樣：欣賞別人的時候，一切都好；審視自己的時候，卻總是很糟。和別人一樣，你也是一道風景，也有陽光，也有空氣，也有寒來暑往，甚至有別人未曾見過的一株春草，甚至有別人未曾聽過的一陣蟲鳴……做不了太陽，就做星辰，讓自己的星座，發熱發光；做不了大樹，就做小草，以自己的綠色點綴希望；做不了偉人，就做實在的小人物，平凡並不可卑，關鍵是必須扮演好自己的角色。

有個小男孩頭戴球帽，手拿球棒與棒球，全副武裝地走到自家後院。「我是世上最偉大的擊球手。」他自信地說完後，便將球往空中一扔，然後用力揮棒，卻沒打中。他卻毫不氣餒，繼續將球拾起，又往空中一扔，大喊一聲「我是最厲害的擊球手」後再次揮棒，可惜仍是落空。他愣了半晌，仔仔細細地將球棒與棒球檢查了一番之後，又試了一次，這次他仍告訴自己：「我是最傑出的擊球手。」然而他的第三次嘗試還是揮棒落空。

「哇！」他突然跳了起來，「我真是一流的投手。」

男孩勇於嘗試，能不斷地給自己加油打氣，充滿信心，雖然仍是失敗，但他並沒有因此自暴自棄，也沒有任何抱怨，反而能從另一種角度「欣賞自己」。

多欣賞自己，在每一個姿勢裏保持正念，你就會發現生活是如此美好。

4 只要是我們感悟到的，那就是美

問余何適，廓而忘言。華枝春滿，天心月圓。

——弘一法師

生活是美是醜，全在我們自己怎麼看。如果你將心中的醜陋和陰暗面徹底放下，然後選擇一種積極的心態，懂得用心去體會生活，你就會發現，生活處處都美麗動人。

《我希望能看見》一書的作者彼紀兒．戴爾是一個幾乎瞎了五十年之久的女人，她寫道：「我只有一隻眼睛，而眼睛上還滿是瘢痕，只能透過眼睛左邊的一個小洞去看。看書的時候必須把書本拿得很貼近臉，而且不得不把我那一隻眼睛儘量往左邊斜過去。」

可是她拒絕接受別人的憐憫，不願意別人認為她「異於常人」。小時候，她想和其他的小孩子一起玩「跳房子」，可是她看不見地上所畫的線，所以在其他的孩子都回家以後，她就趴在地上，把眼睛貼線上瞄過去瞄過來。她把其他小孩子所玩的那塊地方的每一點都牢記在心，不久就成為玩「跳房子」遊戲的好手了。她在家裏看書，把印著大字的書靠近她的臉，近到眼睫毛都碰到書本上。她得到兩個學位：先在明尼蘇達州立大學得到學士學位，再在哥倫比亞大學得到碩士學位。

她開始教書的時候，是在明尼蘇達州雙谷的一個小村裏，然後漸漸升到南德可塔州奧格塔那學院的新聞學和文學教授。她在那裏教了十三年，也在很多婦女俱樂部發表演說，還在電臺主持談書和作者的節目。她寫道：「在我的腦海深處，常常懷著一種怕完全失明的恐懼，為了克服這種恐懼，我對生活採取了一種很快活而近乎戲謔的態度。」

然而在她五十二歲的時候，一個奇蹟發生了。她在著名的梅育診所施行了一次手術，使她的視力提高了四十倍。一個全新的、令人興奮的、可愛的世界展現在了她的眼前。

她發現，即使是在廚房水槽前洗碟子，也能讓她覺得非常開心。她寫道：「我開始玩著洗碗盆裏的肥皂泡沫，我把手伸進去，抓起一大把肥皂泡沫，我把它們迎著光舉起來。在每一個肥皂泡沫裏，我都能看到一道小小彩虹閃出來的明亮色彩。」

我們要學會審視和捫問自己的心靈，能否像彼紀兒·戴爾那樣在肥皂泡沫中看到彩虹？生活中的陰雲和不測不知會使多少人活在自怨自艾的邊緣，許多人早已習慣了用抱怨和悲傷去迎接生命的各種遭遇，由於自身內心世界的陰晦，使得原本明朗的生活變得充滿泥濘而毫無希望。

新修版

弘一大師的16堂課

作者：羅金
發行人：陳曉林
出版所：風雲時代出版股份有限公司
地址：10576台北市民生東路五段178號7樓之3
電話：(02) 2756-0949
傳真：(02) 2765-3799
執行主編：朱墨菲
美術設計：吳宗潔
業務總監：張瑋鳳

新版一刷：2024年12月
版權授權：馬峰
ISBN：978-626-7510-17-9

風雲書網：http://www.eastbooks.com.tw
官方部落格：http://eastbooks.pixnet.net/blog
Facebook：http://www.facebook.com/h7560949
E-mail：h7560949@ms15.hinet.net
劃撥帳號：12043291
戶名：風雲時代出版股份有限公司

風雲發行所：33373桃園市龜山區公西村2鄰復興街304巷96號
電話：(03) 318-1378
傳真：(03) 318-1378
法律顧問：永然法律事務所 李永然律師
北辰著作權事務所 蕭雄淋律師

行政院新聞局局版台業字第3595號 營利事業統一編號22759935

定價：440元

國家圖書館出版品預行編目資料

弘一大師的十六堂課 / 羅金著. -- 再版. -- 臺北市：風雲時代出版股份有限公司, 2024.11 面； 公分

ISBN 978-626-7510-17-9 (平裝)

1.CST: 佛教修持 2.CST: 生活指導

225.87 113014075